图书在版编目(CIP)数据

中国历史上的经史关系 / 汪高鑫著. — 郑州：河南人民出版社，2019.12(2025.3重印)
("通古察今"系列丛书)
ISBN 978-7-215-12005-1

Ⅰ.①中… Ⅱ.①汪… Ⅲ.①经学-关系-史学-中国-古代 Ⅳ.①Z126.272②K092.2

中国版本图书馆CIP数据核字(2019)第271349号

河南人民出版社 出版发行
(地址：郑州市郑东新区祥盛街27号 邮政编码：450016 电话：0371-65788075)
新华书店经销　　　环球东方(北京)印务有限公司印刷
开本　787mm×1092mm　　1/32　　印张　5.875
字数　82千
2019年12月第1版　　　　2025年3月第2次印刷

定价：52.00元

"通古察今"系列丛书编辑委员会

顾　问　刘家和　瞿林东　郑师渠　晁福林
主　任　杨共乐
副主任　李　帆
委　员（按姓氏拼音排序）
　　　　　安　然　陈　涛　董立河　杜水生　郭家宏
　　　　　侯树栋　黄国辉　姜海军　李　渊　刘林海
　　　　　罗新慧　毛瑞方　宁　欣　庞冠群　吴　琼
　　　　　张　皓　张建华　张　升　张　越　赵　贞
　　　　　郑　林　周文玖

序　言

在北京师范大学的百余年发展历程中,历史学科始终占有重要地位。经过几代人的不懈努力,今天的北京师范大学历史学院业已成为史学研究的重要基地,是国家首批博士学位一级学科授予权单位,拥有国家重点学科、博士后流动站、教育部人文社会科学重点研究基地等一系列学术平台,综合实力居全国高校历史学科前列。目前被列入国家一流大学一流学科建设行列,正在向世界一流学科迈进。在教学方面,历史学院的课程改革、教材编纂、教书育人,都取得了显著的成绩,曾荣获国家教学改革成果一等奖。在科学研究方面,同样取得了令人瞩目的成就,在出版了由白寿彝教授任总主编、被学术界誉为"20世纪中国史学的压轴之作"的多卷本《中国通史》后,一批底蕴深厚、质量高超的学术论著相继问世,如八卷本《中国文化发展史》、二十卷本"中国古代社会和政治研究丛书"、三卷本《清代理学史》、五卷本《历史文化认同与中国统一多民族国家》、二十三卷本《陈垣全集》,

以及《历史视野下的中华民族精神》《中西古代历史、史学与理论比较研究》《上博简〈诗论〉研究》等,这些著作皆声誉卓著,在学界产生较大影响,得到同行普遍好评。

除上述著作外,历史学院的教师们潜心学术,以探索精神攻关,又陆续取得了众多具有原创性的成果,在历史学各分支学科的研究上连创佳绩,始终处在学科前沿。为了集中展示历史学院的这些探索性成果,我们组织编写了这套"通古察今"系列丛书。丛书所收著作多以问题为导向,集中解决古今中外历史上值得关注的重要学术问题,篇幅虽小,然问题意识明显,学术视野尤为开阔。希冀它的出版,在促进北京师范大学历史学科更好发展的同时,为学术界乃至全社会贡献一批真正立得住的学术佳作。

当然,作为探索性的系列丛书,不成熟乃至疏漏之处在所难免,还望学界同人不吝赐教。

北京师范大学历史学院
北京师范大学史学理论与史学史研究中心
北京师范大学"通古察今"系列丛书编辑委员会
2019年1月

目 录

前 言 \ 1

第一章　中国古代的经史因缘 \ 4

一、先秦"六经"的亦经亦史特点 \ 5

二、汉代经史分离与史学的崇经意识 \ 12

三、魏晋南北朝玄学的兴起与史学的玄化倾向 \ 17

四、隋唐经史总结与疑古惑经思潮 \ 21

五、宋明理学的兴起与史学的义理化倾向 \ 26

六、清代经史之学的嬗变 \ 30

第二章　中国古代的经史尊卑论 \ 37

一、《汉志》"史附于经"问题 \ 38

二、宋代"荣经陋史"观问题 \ 44

三、明清"六经皆史"说问题 \ 52

第三章 刘歆的古文经学与班固史学 \ 68

一、刘歆的《七略》与《汉志》的编纂 \ 69

二、刘歆的五德终始说与班固的历史思想 \ 94

第四章 今文经学与史学的近代化 \ 115

——以康有为、崔适、梁启超和夏曾佑为考察中心

一、康有为的今文经学研究：史学近代化的思想启蒙 \ 116

二、崔适由经入史：今文经学近代转向的开始 \ 126

三、梁启超的《新史学》：近代新史学理论体系的初步构建 \ 131

四、夏曾佑的《中国历史教科书》：今文经学与进化论的糅合 \ 136

第五章 古文经学与史学的近代化 \ 143

——以章太炎、刘师培为考察中心

一、章太炎改造古文经学为史学 \ 144

二、刘师培对构建新史学的贡献 \ 160

参考书目 \ 171

前言

经学与史学是中国传统学术的两大显学，在中国学术发展史上有着非常突出的重要地位。经学在两千年中国古代学术发展史上，一直是作为官方学术思想与统治意识形态，对其他学术思想发生着重要影响；中国又是一个具有重史传统的国度，史学非常发达，人们通常用"浩如烟海""汗牛充栋"来形容中国古代浩繁的史籍。经史之间的因缘颇深，从学术源头来讲，先秦"六经"元典具有"亦经亦史"的特点；从秦汉以后的学术发展来看，经史之间明显存在着相互影响，汉代史学的分离与崇经意识、魏晋南北朝史学的玄化倾向、宋明史学的义理化倾向等等，都是这种因缘的体现。正是由于经学的官学地位和普遍的重史意识，传统社会高度重视经史之学。学术史上出现的汉代"史附于经"现象、宋代所谓的"荣经陋史"观念以及明清的"六经皆史"说等,虽然都是在讨论经史关系,却并不具有先经、尊经和后史、轻史的意识。

以汉代刘歆古文经学对于班固史学的影响为例,从中可见经学之于史学的重要影响。班固所撰《汉书》是中国古代正统史学的代表,刘歆古文经学对于班固史学的影响主要有两个方面:一方面表现在目录学上。刘歆编纂的《七略》是中国古代第一部群书目录著作,在目录学史上占有重要地位。班固《汉书·艺文志》即是通过对刘歆《七略》"删其要"而撰成的,由此开启了历代正史"艺文志"编纂的先例。另一方面则表现在历史思想上。刘歆宣扬的五德相生说,以及由此构建的自伏羲以来的历史系统,对班固《汉书》影响很大。《汉书》接受了刘歆构建的自伏羲以来的历史系统,依据五德相生的原理大力宣扬"汉为尧后而为火德"的思想,以此论证汉皇朝的历史统绪和地位。

鸦片战争后的晚清时期,传统经学逐渐走向衰落,而伴随着经学的衰落则是学术的转向。一方面经学紧紧服务于晚清政治,积极倡导社会变革;而另一方面,随着对公羊朴素进化论的重新解释以及对西方资产阶级进化论的引进,经学逐渐衰落并开始向史学转向。在晚清经学转向过程中,今文经学家康有为的经学研究,对于史学的近代化起到了思想启蒙作用;而今文经学家兼史学家崔适、梁启超和夏曾佑的经史之学研究,则反映了史学近代化的过程。同时,古文经学也实现了同步改造,即改造古文经学为史学,代表人物便是章太炎和刘师培。与经学转向相对应,晚清史学也发生了转向,即由传统史学转向近代新史学。梁启超的《新史学》、夏曾佑的《中国历史教科书》和刘师培的《中国历史教科书》,便是这一时期体现新史学思想的代表作。

第一章　中国古代的经史因缘

作为古代中国的两大显学——经学和史学,它们之间的因缘颇深。一方面,经学作为古代中国社会的统治思想,对于不同历史时期的史学与史学思想的发展和演变有着重要的思想影响和指导作用;另一方面,史学也为经学的建构和发展提供了具体的历史素材,人们对于经义的探求不能离开具体的古今历史的发展变化,不能缺少历史的说明和验证。正是这种非同寻常的因缘,经史关系自然也就成了历代学者津津乐道的问题。以下试图通过对中国古代各个历史时期经史之学发展脉络与演变特征作出系统梳理,以期揭示二者之间的密切关系。

第一章 中国古代的经史因缘

一、先秦"六经"的亦经亦史特点

中国的经学因汉武帝接受董仲舒"罢黜百家，独尊儒术"的建议立五经博士而兴起，与此同时，中国的史学也因汉武帝时期司马迁撰成《史记》而成就史家的"一家之言"。以此计算，经史因缘已有2100余年之久。然就学术发展史而言，经学与史学又皆起源于先秦，而且有着共同的渊源。由于孔子创立儒学，整理"六经"，后世才得以据此为经典训释传记，从而逐渐形成经学；而经过孔子整理的"六经"，作为上古三代时期的"先王政典"，本身就是重要的史料，其中的《尚书》《春秋》等典籍实为先秦史籍之源。"六经"亦经亦史的特点表明，早在先秦经史起源时期二者就结下了不解之缘。以此观之，则中国古代的经史因缘至少要追溯到孔子整理"六经"的春秋时期。

作为后世儒家经典专称的"经"，在先秦时期它的含义有一个演变和发展过程。"经"字最早见于周代金文，其本义按照《说文解字》的说法，是"经，织从丝也"[1]。清人段玉裁注曰："织之从丝谓之经。必先有经，而后有纬"[2]，"经"是指编织的纵丝，因而只不过是一个普通的古老纺织工艺的概念。春秋战国时期，"经"开始用来指称官府和诸子百家的基本典籍，如《释名·释典艺》所谓"经，径也，常典也"，像《墨子》的《经》（上、下）、《经说》（上、下）即是如此。作为典籍的"经"，在这一时期并不局限于只是对儒家经典的指称。不过，在这一时期能够得到普遍尊崇的经典，还属《诗》《书》《礼》《乐》《易》《春秋》。把这六部经典并称为"六经"，始见于战国文献《庄子·天运》[3]。此外，像《庄子·天下》《商君书·农战》和《荀子·儒效》等篇亦有记载。近年出土的荆门郭店楚墓竹简，称此"六经"为"六德"，而且排序如同《庄子·天运》[4]，更是打消了人们对于战国时期是否存在"六经"的疑虑。但是，在《庄子》一书看来，"六经"只是有关古圣先

---

[1] "从丝"二字原文脱，清人段玉裁据《太平御览》卷八二六补。
[2] 段玉裁：《说文解字注》，上海古籍出版社1981年版，第644页。
[3] 《庄子·天运》说："孔子谓老聃曰：'丘治《诗》《书》《礼》《乐》《易》《春秋》六经，自以为久矣。'"
[4] 参见荆门市博物馆编《郭店楚墓竹简·六德释文注释》，文物出版社1998年版。

贤的经籍，是诸家皆称引的天下道术。[1]

"六经"后来之所以逐渐演变成为儒家学派的基本经典，追根求源，还是与孔子对它的整理和传习有着密切的关系，正如周予同所说，"六经""无疑经过孔子整理,也因此而成为儒家学派的'经典'"[2]。关于孔子与"六经"的关系，最早作出明确记载的，当属《史记》的《孔子世家》和《太史公自序》。按照司马迁的说法，孔子编次了《尚书》，删订了《诗经》，编定或修订了《礼》《乐》，作了《周易》的一部分，因鲁史而编写了《春秋》。对于这一说法，周予同认为"值得人们重视"，又指出它"显然受到董仲舒的影响。因而后来的经学家,并不都以为他的说法可信"[3]。清季以来，甚至出现了两种根本对立的观点，有认为"六经"皆

---

[1] 《庄子·天下》说:"《诗》以道志,《书》以道事,《礼》以道行,《乐》以道和,《易》以道阴阳,《春秋》以道名分, 其数散于天下而设于中国者, 百家之学时或称而道之。"

[2] 朱维铮编:《周予同经学史论著选集》,上海人民出版社 1996 年版,第 802 页。

[3] 朱维铮编:《周予同经学史论著选集》,上海人民出版社 1996 年版,第 796 页。

为孔子所作，亦有认为"六经"与孔子无关。[1]对此，我们的看法是："六经"绝非一时一人之作，这从"六经"所反映的具体内容便可了然；"六经"是经过孔子整理过的上古三代历史文化典籍，孔子以"六经"作为教材教授弟子[2]，出于教学的需要而对古老的"六经"传本有所删编，是完全合乎情理的；如果没有孔子对古老的"六经"传本的整理，也就不可能有我们今天所谓的儒家学派的"六经"经典和经学了。当然，后世儒家基本经典，还有一个从先秦"六经"到汉代"五经"，再到唐代"十二经"，最后到宋明"十三经"的发

---

[1] 前者代表人物如皮锡瑞，参见其《经学历史》，中华书局1959年版，第1—2页；后者代表人物如钱玄同，参见其《答顾颉刚先生书》，《古史辨》（一），上海古籍出版社1982年版，第69—70页。

[2] 《史记》不但记载了孔子删编"六经"，而且认为孔子是以其作为开办私学的教材的，如《史记·孔子世家》说："孔子以《诗》《书》《礼》《乐》教，弟子盖三千焉，身通六艺者七十有二人。"

展和演变过程[1]，不过，经过孔子整理的"六经"一直是其中的核心经典。而这些基本的儒家经典，在中国封建时代里，则是神圣不可侵犯的。

先秦时期的"史"字出现很早，最初的含义是指史官，赋予其史籍之义则是较晚的事情。白寿彝先生说："从用以称史官的'史'，到用以称历史记载的'史'，不知要经过多少年代。"[2] 不过，我们这里的关注点并不是古人什么时候赋予了"史"字以史籍的含义，而是先秦时期的史籍究竟从什么时候开始有了，最初的史籍又有哪些，它们与经籍有何关系。从逻辑上说，有了史官，便有了历史记录。《尚书·多士》说："惟殷先人，有册有典。"这里所谓"册""典"，便是商代史官记录下的历史文献资料。实际上，在春秋以

---

[1] 汉代设"五经"博士，其"五经"是指《诗》《书》《礼》《易》《春秋》，没有《乐经》。关于《乐经》的亡佚有两种不同说法，一是认为亡于秦火，二是认为"乐"本无经，只是附于《诗经》的乐谱。不过，近年出土的荆门郭店楚墓竹简已有与《庄子》所记完全相同的"六经"之名，可以证明后一说法并不正确。到了唐代后期，儒家"五经"已扩大为"十二经"，除了《易》《书》《诗》三经外，《礼》分《周礼》《仪礼》《礼记》三种，《春秋》有《公羊》《穀梁》和《左传》"三传"，外加《论语》《孝经》和《尔雅》。宋明时期，随着孟子儒学地位的提高，又增添了《孟子》一书，于是有了"十三经"之说。

[2] 白寿彝:《中国史学史》第一册，上海人民出版社1986年版，第6页。

前,由于学在官府,大凡典章故事和礼法度数,皆为官司所守,而这些内容,无不是一种历史记录,像左史倚相"能读三坟、五典、八索、九丘"[1],申叔时所谓"故志、训典"[2]等,这些典籍虽然不足考,却恐怕都是春秋以前史官留下的重要史料。不过,史官们留下的历史记载,从严格意义上讲还不能完全等同于史籍。金毓黻按照章学诚的记注与撰述两分法,将先秦历史记载分为史料和史籍两类,肯定先秦"史官所掌,属于史料之类,即章氏所谓记注也"[3],明确提出先秦史籍始于《尚书》和《春秋》,"故榷论吾国古代之史籍,应自《尚书》《春秋》二书始"[4]。并认为"六经"之为史,是有着史著与史料之分的,"是故谓《尚书》《春秋》为史,可也。谓《易》《诗》《礼》《乐》为史,不可也。谓《易》《诗》《礼》《乐》为史料,可也。径谓为史著,不可也"[5]。刘家和先生则在肯定金毓黻观点

---

[1] 《左传·昭公十二年》,《十三经注疏》本,中华书局1980年版。

[2] 《国语·楚语上》,中华书局2002年版。

[3] 金毓黻:《中国史学史》,商务印书馆2003年版,第310页。

[4] 金毓黻:《中国史学史》,商务印书馆2003年版,第28页。

[5] 金毓黻:《中国史学史》,商务印书馆2003年版,第311页。

的基础上进一步认为,"六经"当中的《周易》"固可以视为史料,然其意义恐有甚于作为史料者,即《易》之思想适与中国传统史学之通变思想相通,甚至若和符节"[1]。实际上,"六经"中不仅仅《尚书》和《春秋》是史,"六经"中其他诸经也不仅仅是具有重要的史料价值,"六经"对于后世史学的影响,主要还是表现为对史学思想的影响。刘先生已经指出了《周易》的思想对于传统史学的通变思想有影响,而《尚书》的历史借鉴思想、《诗经》的天命王权思想、《礼经》的改制思想和《春秋》的史义与史法,等等,其实对于传统史学都有巨大的影响。在"六经"之后问世的《竹书纪年》《世本》《左传》《战国策》和《国语》等,则是战国时期撰成的、流传于后世的重要的先秦史籍。其中的《左传》和《国语》与"六经"有着密切的关系,《左传》一般被认为是左丘明所著的解释《春秋》的著作,为《春秋》三传之一;而《国语》则被称作是《春秋》外

---

[1] 刘家和:《史学经学与思想》,北京师范大学出版社2005年版,第78页。

传。[1]唐代史评家刘知幾曾将古史流派分为《尚书》《春秋》《左传》《国语》《史记》和《汉书》六家[2],史书的六个家派竟然有四个同于经传。

综上所述,先秦时期是一个经史未分的时代。先秦的经籍与史籍,皆需溯源到经过孔子整理而成的"六经"。"六经"不单是先秦时期重要的儒家典籍,作为"先王之政典"、上古三代的历史文献,它们也或为史料,或为史籍;而随着后来"六经"地位的提高,它们内蕴的思想更是对后世史学思想产生了巨大的影响。

二、汉代经史分离与史学的崇经意识

西汉初年,儒家"六经"被称作"六艺"。思想家贾谊在《新书·六术》中说:"是故内本六法,外体六行,以与《诗》《书》《易》《春秋》《礼》《乐》六者之术,

---

[1] 《国语》的《春秋外传》之名,始见于《汉书·律历志》所引刘歆《三统历谱》,说明这是西汉所传的一个古说。不过,学术界对此有不同的看法,有些学者认为《左传》和《国语》都是独立的史书,并不是为解释《春秋》而作。

[2] 刘知幾:《史通》卷一,《六家》,浦起龙通释本,上海古籍出版社2009年版。

以为大义,谓之六艺。"司马谈的《论六家要旨》则说:"夫儒者以六艺为法,六艺经传以千万数。"董仲舒在所上《天人三策》中也说:"愚以为诸不在六艺之科、孔子之术者,皆绝其道,勿使并进。"他们所谓"六艺",当然都是指孔子整理的属于孔子和儒家之术的"六经"经典。不过由于秦火的缘故,《乐经》已经散佚,汉代"六经"(或"六艺")有名无实,于是便有了《诗》《书》《礼》《易》《春秋》"五经"的说法。[1] 汉武帝接受董仲舒"罢黜百家,独尊儒术"的建议,于建元五年(前136)所设置的经学博士便称作"五经博士",《史记·儒林列传》对这五经博士的学术系统作了叙述:"及今上(汉武帝)即位,赵绾、王臧之属明儒学,而上亦乡之。于是招方正贤良文学之士。自是之后,言《诗》于鲁则申培公,于齐则辕固生,于燕则韩太傅;言《尚书》,自济南伏生;言《礼》,自鲁高堂生;言《易》,自菑川

---

[1] 今人王葆玹认为汉初有"六艺"和"五经"的说法,二者旨义不同,"六艺"是指"诗""书""礼""乐""易""春秋"六种学科或学术;而"五经"则是指《诗》《书》《礼》《易》《春秋》五部儒家经典,所以陆贾《新语·道基》才说后圣"定五经,明六艺"。(参王葆玹《今古文经学新论》第一章《六艺五经系统的形成》,中国社会科学出版社1997年版)

田生；言《春秋》，于齐鲁自胡毋生，于赵自董仲舒。"

纵观汉代经学的发展，西汉时期最受尊崇的莫过于属于今文经学系统的董仲舒的《春秋》"公羊学"，汉武帝"独尊儒术"，其实就是"独尊"公羊学。西汉末年经学家刘歆提出立《左传》《古文尚书》《毛诗》等古文经，于是发端了中国经学史上的今古文之争。[1] 东汉以后，一方面尽管今文经学依然被立于学官，古文经学却在民间和学者中间大行其道，盛极一时，出现了贾逵、许慎、马融等一大批古文经学大家。另一方面，今古文学派之间的斗争不断，而这种争斗的结果则表现为一种学术思想方法的趋同性，今文家开始

---

[1] 汉代今古文学派之间的斗争主要有四次：第一次是西汉末年刘歆争立《左传》《古文尚书》《毛诗》等古文经，为今文博士和执政大臣所责让，而王莽当政托古改制，古文经得以立学官，古文学派取得暂时的胜利；第二次是东汉建元初年，光武帝诏论立古文经，古文家陈元与今文家范升辩难，光武帝采纳陈元的建议立古文，后迫于舆论而作罢，古文经仍为私学；第三次是汉章帝时期，章帝好古文，于建初四年（79）在白虎观讲议五经异同，今文博士李育以《公羊》义难古文家贾逵。会后章帝命令班固将今古文两家论点合撰成《白虎通德论》一书，表明古文经学取得了一定的胜利；第四次是东汉末年古文家郑玄与今文家何休争论《公羊》与《左传》孰优孰劣的问题，郑玄博通今古，何休感叹地说："康成入吾室，操吾矛，以伐我乎！"（《后汉书·郑玄列传》）郑学由此确立了在汉末经学中的优势地位。

打破师法、家法的藩篱，出现了像东汉末年何休这样的研习古文的公羊学集大成者；而古文家也注意吸收今文学，从而出现了像东汉末年郑玄"括囊大典，网罗众家"[1]、融合今古文的"郑学小一统"的经学新局面。

汉代经学对于汉代史学影响很大，经史之间存在着密切的关系。

首先从汉代的学术分类来看。据《汉书·艺文志》可知，汉代史籍在目录分类上尚未形成独立的部类，而是主要依附于经书"六艺略"的《春秋》经下。汉代目录学上出现的"史附于经"的现象，究其原因，主要是因为秦火之后，先秦史籍大量被焚毁，以至于数量太少而不能形成独立的部类。可问题是《汉志》为何要以"史附于经"而不是将其附于其他部类之下呢？我们认为这是由经史之间的密切关系所决定的。一方面，先秦时期，经史同源、亦经亦史、经史相兼是一种普遍存在的现象。另一方面，即使是到汉代经史开始分离之后，我们从《史记》《汉书》等汉代史籍

---

[1]《后汉书》卷三十五，《郑玄列传》，中华书局1965年版。

中依然能够看到经史之间的密切关系。

其次从汉代史家的经学态度来看。汉代随着《史记》《汉书》等史著的问世，司马迁写《史记》提出要成史家"一家之言"，说明已经在学术实践中开始了经史的分离过程。不过，司马迁作史，却又明确提出要"正《易传》，继《春秋》，本《诗》《书》《礼》《乐》之际"[1]，以"继《春秋》"为其撰述旨趣，以"六经"来统率其史著；同时他的评判史实与选取史料的原则还是"折中于夫子"[2]、"考信于六艺"[3]。东汉史家班固更是具有浓厚的崇经意识，他的"史公三失"论，直斥司马迁"论大道则先黄老而后六经""是非颇谬于圣人"[4]；其《汉书》撰述奉行的一个基本原则便是"旁贯《五经》"[5]。

最后从汉代经学家对于汉代史学与史学思想的影响来看。汉武帝独尊"公羊学"，因而汉代经学的标志性人物当属董仲舒。董仲舒虽然没有写过专门的史著，

---

[1]《史记》卷一百三十，《太史公自序》，中华书局1959年版。
[2]《史记》卷四十七，《孔子世家》，中华书局1959年版。
[3]《史记》卷六十一，《伯夷列传》，中华书局1959年版。
[4]《汉书》卷六十二，《司马迁传》，中华书局1962年版。
[5]《汉书》卷一百下，《叙传》，中华书局1962年版。

然而他的"见之于行事"之作——《春秋繁露》,其中蕴含的历史思想却是非常丰富的。纵观董仲舒的历史思想,他的天人感应理论、"三统"历史变易学说和"大一统"理论,对于有汉一代史学思潮的发展、演变及其走向,都有着重要的影响。西汉末年的刘向、刘歆父子不但是杰出的经学家,也是杰出的史学家,他们辨章学术,考镜源流,整理古文献,是中国目录学、文献学的开山鼻祖;刘歆作《三统历谱·世经》,以五行相生来解说古史,其所提出的古史系统以及内蕴的历史思想,对于班固以后中国正统史学的确立和发展有着重要的影响。

三、魏晋南北朝玄学的兴起与史学的玄化倾向

魏晋南北朝时期,经学出现了一个明显的变化:一方面,从汉末郑玄之学到魏晋王肃之学,再到东晋郑玄之学的复兴,依然承继了汉代训诂经学的传统;另一方面,曹魏正始年间开始出现了以何晏、王弼为代表的玄学,这种玄学经学重在义理,不拘章句,表现出了反传统的风貌,并作为一种学术思潮流播于世。

郑玄是博通今古文经的经学通家,"郑学小一统"于东汉后期至曹魏时期。随着魏晋政权的嬗变,出现了反郑玄之学的王肃之学,并且很快成为西晋占统治地位的经学学派。从治经路数来讲,其实王肃也是一位兼采今古文的经学通家,与郑玄颇为相似。王学与郑学之间的斗争,不是经学观点与治经方法之争,清代今文经学家皮锡瑞就说,王肃驳斥郑学,往往"或以今文说驳郑之古文,或以古文说驳郑之今文"[1]。也就是说,王肃并没有开辟出一条经学新路子来。王学与郑学之间的斗争,具有鲜明的政治色彩。王学作为司马氏集团的思想工具,它代替郑玄之学,是政治上司马氏势力代替曹魏势力在经学思想上的一种反映。也正因此,东晋以后,随着政权的南渡,郑学又重新取得了对王学的胜利。不过,魏晋时期的王郑经学之争在学术思想史上还是有意义的,这"主要在于动摇了郑玄在人们心中的至上权威,使人们对旧的章句之学发生怀疑,从而为玄学经学的顺利成长创造了独立思考、

---

[1] 皮锡瑞:《经学历史》五,《经学中衰时代》,中华书局1959年版,第155页。

自由竞争的思想环境"[1]。相对于郑、王等传统章句训诂经学，玄学经学是一种义理经学，"其特征是用老庄思想解释儒经，并且只把儒经作为一种凭借，重点不在疏通经义，而在发挥注释者自身的见解。这样，它就与郑王的训诂经学有了根本性的差别，使经学发生划时代的变化"[2]。南北朝时期，皮锡瑞的《经学历史》一书将其称作"经学分立的时代"。从总体上看，北朝经学受汉末郑玄之学影响较大，重视章句训诂，而不尚玄谈；而南朝经学不拘守一家，善谈玄理，且深受佛学的影响。对于南北朝经学的不同风格，《北史·儒林传》有一个概述："南人约简，得其英华；北学深芜，穷其枝叶。"当然，我们不应该将南北朝经学的差异性绝对化。其实，在北学中不但有习郑学、有习王学，也有讲王弼《易》注的；同样，南学中不但重玄、重佛，也有兼习郑、王之学的，只是南北学的主要倾向不同罢了。

---

[1] 任继愈主编：《中国哲学发展史》(魏晋南北朝卷)，人民出版社1988年版，第627页。

[2] 任继愈主编：《中国哲学发展史》(魏晋南北朝卷)，人民出版社1988年版，第628页。

魏晋南北朝时期史学的发展，与这一时期经学的发展和变化，特别是玄学经学的兴起和发展是有着密切关系的。

首先是重视人物品评和历史评论。重视人物品评，是魏晋玄谈特点之一。而这一时代，经学风气也深深地影响到了史学领域。在魏晋南北朝的历史撰述中，陈寿《三国志》的人物品评颇具代表性。《三国志》的人物的品评几乎涉及所记载的每一个历史人物，以局量才识和风度容貌为视角。应该说这样的人物品评有轻历史评价的倾向，但它毕竟是对人事作用的一种肯定，还是有一定的进步意义的。历史评论的玄化倾向，则是魏晋南北朝史著所反映出的又一特点，其中以袁宏的《后汉纪》最具代表性。袁宏既是一位玄学化的史学家，也是一位颇具史识的玄学家，援玄入史、玄儒合一，是其学术思想与方法的基本特征。

其次是与南北朝经学分立相一致的南北朝史学风格的迥异。"南人约简，得其英华；北学深芜，穷其枝叶"，反映在史学上，南朝以范晔《后汉书》、沈约《宋书》、萧子显《南齐书》等为代表，从他们所著史书的序、论、赞来看，确实体现了南方玄学经学"清通简要""得其英华"的特点，反映了史家的一种历史洞察力；反观北朝史学，以北朝史家魏收所撰《魏书》为代表，则表现出明显的记事分散、繁琐，历史评论只是就事论事，缺乏全局观、发展观、联系性和思辨性，反映了北学"渊综广博""穷其枝叶"的特点。

四、隋唐经史总结与疑古惑经思潮

隋与唐初经学的一个显著特点，是伴随着大一统政治的建立而开始由南北朝时期的分立局面逐渐走向了统一，其标志则是孔颖达等人编定《五经正义》。隋朝经学的代表性人物是人称"二刘"的刘焯和刘炫。刘焯著有《五经述义》，该书虽已散佚，但其弟子孔颖达在《五经正义》中多有引述；刘炫的经学著作有《五经正名》《尚书述义》《毛诗述义》等，今有辑佚本。二刘的经学不拘一家之说，对于南北朝时期的南学和北学作了某些折中，他们的经学贡献主要表现为对唐代群经正义有重要影响。清人皮锡瑞说："隋之二刘，冠冕一代。唐人作疏，《诗》《书》皆本二刘。"[1] 唐初，经学家陆德明著《经典释文》，对唐初以前的经学汉学系统作了初步总结，发出了隋唐统一经学的先声。此后，唐太宗先是诏命颜师古考定"五经"，完成了关于"五经"的文字统一工作；数年后又诏命孔颖达等人撰修《五经正义》，从而最终完成了对"五经"经义的统一疏解。

由于《五经正义》坚守的解经原则是"注不驳经，疏不破注"，因而在它宣告"五经"经义实现历史性的统一的同时，也就意味着儒学的被禁锢和走向僵化，儒学的发展因此失去了活力和创造性。而在经学走向统一、同时也是趋向僵化的时候，一些经学家意识到了经学发展的危机，于是大胆地站出来疑经惑传，从而掀起了一股疑经之风。经学家王元感撰写《尚书纠缪》《春秋振滞》《礼记绳愆》三书。此三书虽已散佚，然顾名便可思义，是对传统经说的怀疑和纠谬。经史学家刘知幾是这一时期疑古惑经的重要代表人物，他在《史通》这部史评著作中专辟《疑古》《惑经》二篇，

---

[1] 皮锡瑞：《经学历史》七，《经学统一时代》，中华书局1959年版，第196页。

其中《疑古》篇疑《尚书》《论语》，《惑经》篇批《春秋经》；对于《春秋》"三传"，他主要站在古文学派的立场上，赞《左传》有"三美"，《公羊传》、《穀梁传》有"五短"。唐中叶后，更是出现了经学家啖助、赵匡、陆淳等人为代表的《春秋》学派，对《春秋》传注提出批评，而直接以己意去取"三传"，倡导以经为本、舍传求经的经学之风，开宋学经学风气之先。无独有偶，宋学"四书"系统也由唐中后期的韩愈、李翱先发其端。韩愈的"道统说"推本《大学》、尊崇《孟子》，其弟子李翱承继师说，着重表彰《中庸》《大学》《论语》《孟子》和《易传》，宣扬"复性"之说，他们实为宋学的开路先锋。

　　隋唐时期的经史关系，首先表现为由于统治者对于经史的重视而出现了经史同步大总结的现象。当盛唐的经学经过总结，逐渐由分立走向统一之时，这一时期的史学也迎来了大总结的时期；如果说隋唐经学总结的标志是孔颖达等人编撰的《五经正义》的颁行的话，那么这一时期史学总结的标志则是唐初八部正史——《梁书》《陈书》《北周书》《北齐书》《隋书》《晋书》《南史》《北史》和杰出的史评专著刘知幾《史通》

的问世。毫无疑问，盛唐出现的经史大总结的局面，是与统治者重视经史之学分不开的。唐朝开国后，唐太宗崇尚儒学，兴学读经，却深感儒学多门、经学繁杂，不利于经学的发展，于是便有了诏令整理经学典籍的举动和《五经正义》的撰成，从而最终实现了经学的统一。而唐初统治者对于史学也是异常重视的，为了保存史籍以"贻鉴今古"，唐朝立国不久，唐高祖就下达《命萧瑀等修六代史诏》，至唐太宗时撰成梁、陈、北齐、北周、隋的"五代史"；后来唐太宗又下达《修〈晋书〉诏》，这六部史书与李延寿的《南史》《北史》一起构成了"唐初八史"。唐高宗还专门下达《简择史官诏》，提出了对史官的素质要求问题。值得一提的是，唐初的修史工作是在史馆中进行的，而设馆修史是中国史学史上的一件大事，它充分反映了唐朝统治者对于修史工作的高度重视。唐初统治者对于经史之学的重视，还表现在唐朝的科举考试中，这就是它明令"五经"与"三史"[1]皆为应试科目。

其次，在隋唐经史之学的发展过程中，很多卓有

---

[1] 指西汉司马迁的《史记》、东汉班固的《汉书》和南朝范晔的《后汉书》这三部史书。

成就的学者往往是经史兼通的。许凌云先生就说过,盛唐时期"经学的总结与史学的总结平行发展,而从事经学总结与史学总结的学术精英中不少是经史兼通。陆德明撰《经典释文》,是对'汉学'系统的初步总结,发出了隋唐时代统一经学的先声。陆氏是隋唐间经学家,又是经史学家。孔颖达受诏与颜师古等撰定《五经正义》,标志经学的汉学系统的统一,对封建社会后半期的思想学术和文化,具有极其重大的影响。颜师古是名儒颜之推之孙,唐初著名经学家、史学家,他以自己考定的《五经正本》为底本,与孔颖达撰成《五经正义》。他还是研究《汉书》的专家,有《汉书注》传世,对两汉以来经学史亦十分熟悉"[1]。除此之外,唐代开疑古惑经之风的主要代表人物之一刘知幾,不但是一位倾向于古文学派的经学家,而且更是一位杰出的史学家,他撰写的《史通》是中国史学史上第一部史学评论专著,也是盛唐史学大总结的代表之作。

---

[1] 许凌云:《经史关系略论》,载《经史因缘》,齐鲁书社2002年版。

五、宋明理学的兴起与史学的义理化倾向

宋明时代的经学，出现了一个主要以"性与天道"为中心范畴的学派——理学为南宋以后中国封建社会后期的统治思想。宋明理学的主要流派有程朱理学和陆王心学，前者是客观唯心主义，后者为主观唯心主义。宋明理学的解经，在内容上重视探寻经书的"性""理"奥秘，在方法上重视将传统佛、道思想纳入其中，由此形成了别具一格的具有高度哲理性、思辨性特点的新的经学。与宋明理学的兴盛相对应，宋元史学的发展也进入了中国史学发展史上的黄金时代。在这一时期，出现了一批史学的鸿篇巨制，在传统史书体裁发展的基础上又产生了一系列新的史书体裁，重视会通、通识的史学思想得到提倡，等等。这种经史并行发展的状况，一方面是社会现实影响的结果，正是社会现实的矛盾驱动着理学家和史学家们的学术研究，同时也因此决定着他们学术研究的价值取向或思想走向；另一方面，我们也应该看到这一时期理学与史学之间的相互影响对于经史之学发展所产生

的作用。有一个很重要的现象：这一时期大凡重要的史学家，像欧阳修、司马光等人，他们本身都是理学家或理学中人；反之，像理学的集大成人物朱熹，也是颇有建树的史学家。这充分反映了这一时期经史之学的相互影响。

从史学对于理学发展的影响来讲，主要表现为史学思想中的历史观本身就是时代哲学的重要组成部分，因而它会直接影响到理学思想体系的形成。道理很简单，理学的求理，理学家要证明封建等级秩序是永恒不变的，封建纲常名教是天理的体现，就必须要从历史当中求得说明和验证，否则就不可能有说服力，也就不可能为人们所接受。换句话说，"史学的理学化是理学发展的需要"[1]。吴怀祺先生曾经以二程理学与朱熹理学作比较，说明史学义理化对于理学体系构建的重要性，他说："二程奠定理学的根基，却不是理学的集大成者，一个十分重要的原因，是他们论历史兴衰之'理'，却对史学的价值认识不足，至少是在史学的领域内没有做什么工作，这影响到二程对理学

---

[1] 许凌云：《经史关系略论》，载《经史因缘》，齐鲁书社2002年版。

的建构。朱熹成为理学的集大成者，不但因为他能集理学诸家之说，熔铸成朱学的基本的内容，而且还在于他十分重视史学，努力把包括史学在内的各个学术门类，纳入到他的理学的体系中去。他在史学方面所做的工作，一个很重要的方面是使史学'会归理之纯粹'。"[1]

具体到宋明理学对于史学的影响，主要是表现在对史学思想的指导上。具体而言，一是贯通意识。理学的"求理"思维特征之一是通天通地，贯古贯今，这种思维特征对于史学的影响，则表现为一种"通识"意识。如胡宏的《皇王大纪》、苏辙的《古史》等著作，论及宇宙的运动、生命的起源和社会的产生与发展，他们通过贯通天地来对这些问题作出思考；又如司马光的《资治通鉴》和《稽古录》、郑樵的《通志》等，都是在"通识"意识指导下而写成的名著。二是历史划分。理学家的最高境界是天理流行，而这也成了其划分历史阶段的标准。在宋明理学家中，较为普遍的历史阶段划分是三代以前和三代以后（或先王和后王）

---

[1] 吴怀祺:《中国史学思想史》，安徽人民出版社1996年版，第214页。

两个阶段。在他们看来,三代以前是天理流行,而三代以后则是人欲横流;三代以前是以道治天下,而三代以后则是以法把持天下。理学家的这种思想,对于这一时期的史学家是有重要影响的,如司马光等人就明显地表现出了一种对于三代的推崇。三是历史盛衰观。在理学家们看来,决定历史存亡兴衰的是天理,因此,人们必须要从天理的角度来总结历史的兴衰。这种理学思想同样影响了宋代史学家的历史意识,如司马光就认为,维护纲常名分的等级制度,是使"上下相保而国家治安"的根本办法。这一时期的各种史书论赞,大多是以天理为标准来评论历史事件和历史人物功过的。四是正统论。理学家讲儒学要讲道统,讲史学则讲正统。朱熹的《资治通鉴纲目》就是一部讲究正统的史著。这种理学中人的道统、正统观念,对于这一时期的史学是有很大影响的。如范祖禹的《唐鉴》,就援引"公在乾侯"例而不以武则天为正统;即使如司马光这样的不囿于正统的史家,也还是要为三国曹魏争正统。五是提倡《春秋》褒贬书法。如欧阳修的《新五代史》、朱熹的《资治通鉴纲目》和范祖禹的《唐鉴》等,都既是史学著作,又是言理的著作,非常重视运用《春秋》书法褒贬史事。

六、清代经史之学的嬗变

清朝初年，中国经学经过汉唐经学与宋明理学两个高峰之后，进入了一个新的学术思想大总结的时代，黄宗羲、顾炎武和王夫之便是这一时代最具有代表性的经史学家。作为经学家，黄宗羲、顾炎武和王夫之通过对传统经学发展历史的反思与总结而表现出的基本思想是反对宋明理学的空疏学风，倡导穷经经世的实学精神。黄宗羲提出"穷经以经世"的经学思想，"穷经"就是要泛观博览和认真穷究，以求经书之理；"经世"则是"穷经"的目的，"儒者之学，经纬天地"，而不是"以《语录》为究竟"。[1] 顾炎武对明末"束书不观，游谈无根"的空疏学风深恶痛绝，直斥其清谈误国有过于当年的西晋。[2] 强调学术研究应当以经世为宗旨，

---

[1] 黄宗羲：《南雷文定》后集卷三，《赠编修弁玉吴君墓志铭》，四部丛刊本。

[2] 顾炎武：《日知录》卷七，《夫子之言性与天道》，秦克诚点校本，岳麓书社1994年版。

要有扎实、朴实的学风与训诂考据的方法。王夫之反对宋明空疏学风,则主要在理气、道器、能所、知行、理欲、动静诸范畴上对理学进行了系统批判,涉及了本体论、认识论和人生论的根本问题,体现了王夫之作为哲学家的理论方法之本色。作为史学家,黄宗羲、顾炎武和王夫之不但关注历史的发展,探寻历史发展之"理",而且重视史学及其作用,并对经史关系提出自己的看法。黄宗羲通过对历史的批判与总结,进而作出对历史前途的思考,《明夷待访录》便是其中的代表作。在经史关系上,黄宗羲认为"学必原本于经术而后不为蹈虚;必证明于史籍,而后足以应务"[1],也就是说,经学的经世需要通过史学来加以体现,所以二者不可偏废。顾炎武认为"引古筹今,亦吾儒经世之用"[2],作史的目的在于"鉴往所以训今"[3],史学乃经世之学,应该给予高度的重视。所撰写史学名著《天下郡国利病书》,也是一部历史地理名著,它把历史

---

[1] 参见《全祖望集汇校集注》之《鲒埼亭集外编》卷十六,《甬上证人书院记》,上海古籍出版社2000年版。

[2] 顾炎武:《亭林文集》卷四,《与人书》,中华书局1983年版。

[3] 顾炎武:《亭林文集》卷六,《答徐甥公肃书》,中华书局1983年版。

与现实、考证与经世紧密结合，其中的经世之义是显而易见的。王夫之重视通过发表历史评论来探寻历史治乱兴衰之理，所著《读通鉴论》和《宋论》便是这样的历史评论名著。在王夫之看来，历史乃"述往以为来者师也"[1]，人们可以从中求得历史借鉴。当然，师古又需不拘泥于古，要有变通的思想，将历史借鉴与现实条件和需要紧密结合起来，也就是王夫之说的"时"的重要性。

乾嘉以后的经学以乾嘉考据学和兴起于清代中期以后的今文经学为代表。乾嘉经学重视考据，主张论必有据，"实事求是"，人称"乾嘉之学"。由于这一学派尊崇汉代经学，反对宋明理学，故而又被称为"汉学"；又因其学风朴实、重视考据，也称为"朴学"或"考据学"。乾嘉考据学以尊汉求是为旗帜，从学术研究来讲，其在名物考证、章句注疏、声韵训诂和校勘辑佚等方面为整理儒家经典做出了重要贡献；而从学术思想来讲，正是乾嘉汉学的兴起，引领人们对宋学的怀疑之风，才最终导致了宋明空疏理学的衰落。但

---

[1] 王夫之：《读通鉴论》卷六，《光武帝》，中华书局1998年版。

是，乾嘉汉学各派在承继顾炎武等人朴学学风的同时，却并不去领会和把握其通经致用的精神实质；他们把自己的经学研究只是局限于对于儒家经典的考据、注疏、章句、训诂和辑佚等狭窄的范围之中，却并不关心现实的社会政治，缺乏清初实学人士的爱国热情。其结果，他们的经学研究只能是为考据而考据，走向了狭隘、繁琐和僵化的死胡同，无法肩负起时代赋予士人的历史使命。与乾嘉考据学背离现实的学风不同，这一时期一部分具有忧患意识的经学人士开始起来打破这种风气。他们以汉学崇汉疑宋的逻辑出发，进而提倡盛行于西汉时期的今文经学，企图通过今文经学擅长微言大义和援经议政的特点，来关注和议论现实政治，常州学派正是在这样一种背景之下崛起的清代今文学派。常州学派的代表人物主要有庄存与、刘逢禄、宋翔凤等人，其中庄存与是清代今文经学开风气之先的学者，刘逢禄是常州今文学派的真正奠基人。到了鸦片战争前后，清代今文学派又涌现出了龚自珍、魏源等著名学者。由于时代的变化，与早年常州今文学派不同，龚自珍和魏源等人推崇今文，主要是为了抨击时政，倡导变革，其经世致用的特点更加明显。

到了晚清时期，随着康有为以今文经学掀起政治变法运动，今文经学更是家喻户晓。从汉代以后长期中绝的今文经学，又焕发出了第二春。

乾嘉以后的史学以乾嘉考证史学、浙东史学和晚清今文学家的经世史学为代表。开乾嘉考证史学先声的清初阎若璩、胡渭和毛奇龄等人，他们的经学思想都是倾向于尊汉抑宋的，他们从反对宋明空虚学风出发，强调历史研究必须博证材料，其中阎若璩的贡献最大，他不但撰成《尚书古文疏证》，考证出《古文尚书》乃是伪作，而且还创立了考证辨伪的通例。随着乾嘉汉学的兴盛，考史也蔚然成风，并且取得了很大成就。这一时期考证史学以王鸣盛、赵翼和钱大昕为代表，并称为乾嘉三大考史家；而他们各自的考史著作——《十七史商榷》《廿二史札记》和《廿二史考异》，则被并称为乾嘉三大考史名著。值得注意的是，王鸣盛和钱大昕都是乾嘉汉学的代表人物，他们都是由经学而入史学，所以他们的经学对于他们的史学有着很大的影响；只有赵翼是由文入史的，这也使得赵氏史学的经学气息较淡。如果说乾嘉考证史学从方法到思想还是受到乾嘉汉学的藩篱所囿，那么乾嘉时期以浙东史学为代表的史学流派则很好地继承了明清之际的经世史学思想,该流派的代表人物便是杰出的史学家章学诚。梁启超说:"清代史学开拓于黄梨洲、万季野,而昌明于章实斋。"[1]这就将清代浙东经世史学从黄宗羲、经弟子万斯同、再到乾嘉时期章学诚的发展轨迹作了叙述。章学诚的《文史通义》是中国古代史学理论名著,标志着中国古代史学理论达到了它的顶峰。该书开篇就提出了"六经皆史"这一中国古代史学史、当然也是经学史上著名的命题:"六经皆史也,古人不著书,古人未尝离事而言理,六经皆先王之政典也。"[2]针对乾嘉汉学狭隘的考据学风,章学诚提出了史学的层次之分:独断之学的撰述之作与考索之功的比次之作,前者为高明者所为,后者为沉潜者所尚,同时二者又是相互联系的。至于清代今文经学之与史学的关系也是非常密切的。如果说常州学派崇《公羊》,其主旨还是在于打破狭隘、繁琐的汉学考据风气的话,那么到了鸦片战争前后的龚自珍和魏源时,他们崇尚公

---

[1] 梁启超:《中国近三百年学术史》,东方出版社1996年版,第331页。
[2] 章学诚:《文史通义》卷一,《易教上》,叶瑛校注本,中华书局1994年版。

羊学，则是注重于以公羊家的"三世"历史变易学说为思想武器，积极倡导社会变革，以挽救社会危机，寻求社会出路。龚自珍是近代史学开风气之先的人物。他通过对传统公羊"三世"说进行革命性的改造，而提出著名的"治世—乱世—衰世"（或早时—午时—昏时）之新"三世"说，旨在警告统治者要变法革新，以摆脱衰世局面；他提出"欲知大道，必先为史"[1]，肯定历史记载蕴含着治国"大道"，关系到国家的生死存亡；在经史关系上，他提出"六经"乃"周史之宗子"[2]的观点，反对重经轻史，肯定史学在社会政治中的重要地位。魏源于史学也颇有建树。其史学代表作《圣武记》通过描述清初盛世，旨在激励国人奋起抵抗外国侵略、维护国家统一的信心和志气；《海国图志》的主题则是"师夷长技以制夷"，对近代社会与史学都有重大影响；《元史新编》则是要通过对元朝兴亡原因的总结，而告诫清朝统治者应当以元为鉴，其间浸透了作者的经世思想。很显然，龚自珍、魏源作为鸦片战争前后经世致用史学的重要代表，他们的经学思想与其史学思想是相互一致的。

---

[1] 龚自珍：《龚自珍全集》上，《尊史》，中华书局1959年版。
[2] 龚自珍：《龚自珍全集》上，《古史钩沉论二》，中华书局1959年版。

第二章 中国古代的经史尊卑论

经学与史学,是中国古代学术的两个重要门类。由于经史之学涉猎广泛,古代又没有严格的学科区分,特别是经与史之间特殊的渊源关系,以及经学在中国古代学术中的正宗地位,由此引发出了人们关于经史关系的种种争论,由此也成为中国传统文化与学术的一大特色。从学术发展史的角度来讲,经史关系的争论不仅涉及经与史之间的地位高低与相互关系,而且还直接涉及中国古代史学的自主独立问题。本文无意于对中国古代经史关系作出全面梳理,而只是就有关经史尊卑的长期纷争中涉及的《汉志》"史附于经"现象、宋代"荣经陋史"观和明清"六经皆史"说三个论题展开讨论,提出一些粗浅的看法。

一、《汉志》"史附于经"问题

提到中国古代经史尊卑问题,就不得不从班固《汉书·艺文志》(依据刘歆《七略》而成)目录分类中的"史附于经"现象说起。学界有一种较为流行的说法,即认为迟至两汉,中国的史学尚未从经学当中分离出来,成为一门独立的学科,而是"史附于经",为经学之附庸。[1] 持这一观点者的主要依据便是在东汉班固《汉书·艺文志》的群书目录分类中,《战国策》《史记》等史书没有独立成类,而是依附于经书"六艺略"的

---

[1] 如周予同、汤志钧在《有关中国经学史的几个问题》一文中认为:"两汉以前,史学不是一门独立学科,而是隶属于经。"(《文汇报》1961年11月19日)许凌云也认为:"在汉代,经学占统治地位,而史学是经学的附庸。"(许凌云:《经史关系略论》,载《经史因缘》,齐鲁书社2002年版)

《春秋》类下[1]；曹魏时秘书郎郑默依据皇家图书馆藏书撰写《中经》，西晋秘书监荀勖因《中经》而作《中经新簿》，将书籍分为甲、乙、丙、丁，其中丙部即为史书，"史"至此才独立成类；而唐初撰成《隋志》，则正式有了经、史、子、集四部群书目录分类。

上述说法如果纯粹从目录学的角度来看，无疑是正确的，它反映了这样一种客观事实：至少在目录分类上，迟至汉代时史籍尚未形成一大类别，而是主要依附于"六艺"，魏晋以后才独立成类。但是，这种目录学上的分类，并没有真正反映出先秦至两汉时期史学发展的实际情况，没有反映出两汉时期在学科分类上经史已经分离而不是"史附于经"的客观事实。首先，先秦已有源远流长的"史"的传统。我们说先秦时期经与史没有出现明确的分离，这是事实，但这不等于说先秦无"史"。实际上，先秦时期不但史官名

---

[1] 有些史书著录于"诸子略"儒家类和"数术略"历谱类等类别之下，如《高祖传》13篇、《孝文传》11篇都著录于儒家类下，《帝王诸侯世谱》《古来帝王年谱》等书则被著录于历谱类下，等等。之所以出现这种分类不规范的现象，主要是因为《汉志》没有单独设立"史部"的缘故。不过，像《史记》《国语》《战国策》《楚汉春秋》《世本》等重要的、具有代表性的汉以前史籍，还是被著录于"六艺略"的《春秋》类下的。

称繁多、分工细致，而且史官通过记事，流传下了丰富而宝贵的史籍。《尚书·多士》说："惟殷先人，有册有典"，这里所谓"册""典"，便是指商代史官记录下的历史文献资料。像左史倚相"能读《三坟》《五典》《八索》《九丘》"[1]，申叔时所谓"故志""训典"[2]等，这些典籍虽然不足考，也大致可以被看作是春秋以前史官留下的重要史料。至于"六经"，其中《尚书》和《春秋》自当为史，其他诸经不但具有重要的史料价值，而且其历史思维对于后世史学与史学思想都有重要影响。在"六经"之后问世的《竹书纪年》《世本》《左传》《战国策》和《国语》等，都是战国时期撰成的、流传于后世的重要的先秦史籍。因此，实际上先秦已有源远流长的"史"的传统。

其次，汉代司马迁撰写《史记》而成史家之言，是中国古代史学已经与经学相分离，开始成为一门独立学科的重要标志。对于司马迁的"成一家之言"，白寿彝先生明确认为这是史家的一家之言，"是在史学

---

[1] 《左传·昭公十二年》，《十三经注疏》本，中华书局1980年版。
[2] 《国语·楚语上》，中华书局2002年版。

领域里第一次提出了'家'的概念"[1]。刘家和先生也认为,"经学是在汉代正式产生的,史学也随着《史记》《汉书》等巨著的出现而开始崭露头角,正是在汉代开始了经史分离的过程"[2]。这就是说,西汉时期中国史学已经开始与经学相脱离而成为一门独立的学科。值得注意的是,古代经史学科的形成颇为相似,史学开始独立于西汉时期,却是以先秦源远流长的"史"的传统为基础的;同样,经学作为一门学科也是形成于汉代,可是如果没有先秦"六经"典籍的形成,汉代经学的兴起也就无从谈起。

现在的问题是,既然西汉史学已经逐渐与经学分离而成为独立的学科,为何东汉成书的《汉志》还要在目录分类上以史附经呢?深究其原因,主要有两条:

其一,秦火对先秦史籍的毁灭,致使汉代史籍稀少而形不成部类。先秦史官撰述成的种种史书,到了汉代,流传下来的已经是屈指可数了。据《汉志》的著录,汉人所能见到的历史书籍仅有34种1300余篇。

---

[1] 白寿彝:《说"成一家之言"》,《中国史学史论集》,中华书局1999年版,第99页。

[2] 刘家和:《史学和经学》,《北京师范大学学报》1985年第3期。

与此相比,被《汉志》著录的"六艺""诸子""诗赋""兵书""数术""方技"诸"略"(后三"略"在后来《隋志》经史子集四部分类当中被归并到"子部")著作,其总数多达近600家、近12000篇(《汉志》共著录图书13000余篇,其中包括史书1300余篇)之多。若以后来的经史子集四部分类观之,汉代的历史书籍与当时的经、子、集相比,确实是过于稀少,当时最少的经书也有103家、3123篇(包括《春秋》类下一部分史书共500余篇在内,其余史书篇目在其他"略"里),无怪乎《汉志》只能将其主要附录于"六艺略"的《春秋》类之下了。那么,先秦经史之籍到了汉代为何经书多能流传而史籍却留存甚少呢?对此,司马迁在《史记·六国年表序》中说得很清楚:"秦既得意,烧天下《诗》《书》,诸侯史记尤甚,为其有所刺讥也。《诗》《书》所以复见者,多藏人家;而史记独藏周室,以故灭。惜哉!惜哉!"这就是说,先秦史籍大量失传是秦火所致;而汉以后《诗》《书》得以复见而史籍不能,是因为《诗》《书》藏于民间而史籍藏于周室易遭毁灭;至于秦始皇为何要毁灭史籍,是因为这些史籍"有所刺讥"。而秦火之后汉初史籍稀少,从《史记》的取材也可看出。正是由于秦火对先秦史籍造成的毁灭，才致使特别重视史料的司马迁在写作《史记》时，不得不面临史料匮乏的问题。据统计，《史记》一书引用的先秦史书及档案只有24种（其中21种今已亡佚）。

其二，经史之间的密切关系，决定了《汉志》采取"史附于经"的目录分类方法。汉代史籍在群书分类上构不成一个部类，那为何《汉志》要将其附录于"六艺略"的《春秋》类下呢？即为何要"史附于经"呢？我们认为这是由经史之间的密切关系所决定的。先秦时期，经史相兼是一种普遍存在的现象。"六经"中的《尚书》《春秋》自然被后人也当作史书来看待，而《诗经》的史料价值、《周易》的历史思维，同样引起治史者的高度重视；而在"十三经"当中，《春秋左传》《三礼》也都是重要的先秦史书。即使是到汉代经史开始分离之后，我们从《史记》《汉书》等汉代史籍中依然能够看到经史之间的密切关系，司马迁写《史记》就明确说过，他是要"正《易传》，继《春秋》，本《诗》《书》《礼》《乐》之际"[1]。正是这种经史之间的密

---

[1]《史记》卷一百三十，《太史公自序》，中华书局1959年版。

切关系，决定了《汉志》的"史附于经"的目录分类。

由此可以得出结论，《汉志》的群书目录分类之所以要以"史附于经"，完全是汉代史籍太少形成不了一个部类，同时史籍又与经传关系密切所致，也可以说它是一种技术处理或权宜之计。那种依据《汉志》"史附于经"的目录分类现象而认为汉代史学依附于经学，经与史尚未实现学科分离的观点，无疑只是一种主观臆测，不符合史学发展的客观实际；同时，《汉志》"史附于经"的目录分类现象，虽然反映了经史之间的密切关系，却并不能因此说明二者之间存在着先后、尊卑和主从依附等关系。换句话说，汉代并不存在一个所谓的经史地位之争的问题。

二、宋代"荣经陋史"观问题

汉代经史分离现象的出现，标志着经与史都开始成为一种独立的学科。但是，这种学科的分离发展，却并不表示经史之间因缘关系的割断或结束。由于经籍本身具有史料与史学价值，经学在汉代兴起以后又成为中国封建时代的统治思想而对各门学术具有普遍

第二章　中国古代的经史尊卑论

的指导作用,因此它对汉代以后史学的发展有着重大的影响;同时经学的发展也离不开史学的解读与论证,史学是经学赖以发展的主要凭借。也正因此,人们在讨论汉代以后中国学术发展史时,经史关系总是成为永恒的话题。人们喜欢以经史并论,探讨它们的相互关系与影响,比较它们的学术价值与学术地位的高低。

从经史尊卑角度而言,一种观点认为,在中国古代学术发展史上,出现尊经卑史的现象当自宋代开始。清代考史家钱大昕堪为此论代表人物,他在为赵翼《廿二史札记》所作的《序》文中,就明确提出了"荣经陋史"观念始于宋儒的观点,这是一个在学术史上很有影响、颇为流行的说法。钱大昕通过对经史关系的历史考察,认为经史之间"初无经史之别。厥后兰台、东观,作者益繁,李充、荀勖等创立四部,而经史始分,然不闻陋史而荣经也。自王安石以猖狂诡诞之学要君窃位,自造《三经新义》,驱海内而诵习之,甚至诋《春秋》为断烂朝报。章、蔡用事,祖述荆舒,屏弃《通鉴》为元祐学术,而十七史皆束之高阁矣。嗣是道学诸儒,讲求心性,惧门弟子之泛滥无所归也,则有诃读史为玩物丧志者,又有谓读史令人心粗者。此特有为言之,而空疏浅薄者托以借口,由是说经者日多,治史者日少。彼之言曰,经精而史粗也,经正而史杂也。"[1]

在这段话中,钱大昕以目录学为视角,认为从李充、荀勖等创立四部后,经史开始分途,我们认为这与经史之学在实际发展过程中的分离情况不相符合。同时他又认为,无论是经史未分之际还是经史已分以后,很长时间里人们并没有听到过"陋史而荣经"这样的说法,直到宋儒王安石废除汉唐注疏之学,倡导义理新学,直斥《春秋》为"断烂朝报",开始贬损史学;后来的道学人士大力提倡心性之学,而当心门弟子读史玩物丧志,于是有了"经精史粗""经正史杂"的训诫;而那些空疏浅薄者们更是以道学诸儒的训诫为托词,只说经而不治史,宋代"荣经陋史"的风气由此兴起。我们认为,钱大昕提出"经精史粗""经正史杂"之"荣经陋史"之风是随着宋代王安石新学和理学的兴起而开始出现的,说明他看到了中国学术史上经史观念在宋代确实出现了明显的变化。不过,钱大昕以"荣经陋史"来概说宋代的经史之学则未免失之

---

[1] 钱大昕:《廿二史札记·钱大昕序》,载赵翼著《廿二史札记》附录二,王树民校注本,中华书局1984年版。

偏颇。众所周知,宋代文风昌盛,学术发达,学派众多,仅从经史之学而言,经学由理学的兴起而盛;同样,其史学的发达程度在中国古代也是空前绝后的。与王安石义理新学、二程理学同时并世的有司马光史学;与朱熹理学同时的有袁枢的史学,有以吕祖谦、程亮、叶适为代表的提倡经世的浙东史学,有蜀中二李(李焘、李心传)史学(其中李心传稍晚于诸贤),这些都是在中国史学史上很有地位和影响的史家与学派。也许有人会认为,钱氏此说主要是针对宋代义理之学的经史观念而言的。对此我们的理解是:如果钱氏此说只是反映了宋代义理之学的一种普遍的荣经风气的话,那么这无疑是正确的;如果认为宋代义理之学都是"荣经"而"陋史"的,这一提法是否全面、准确,则是一个值得商榷的问题。

宋代义理之学的代表学派无疑要数程朱理学,透过他们的经史观念,将有助于我们对于宋代义理之学经史观念的整体把握。二程(颢、颐)的经史观是通过其理学思想而得以阐发的。作为宋代义理之学的重要发展时期,二程理学以"天理"为其最高范畴。二程明确认为,"天下只有一理"[1],"理"是唯一的绝对,是物质世界之外的永恒的存在;同时理又是万物的本源,支配着万物,万物的变化都是天理的体现。与这种天下绝对之理相对应,万物又各有情形,各有其理,这叫作"理一分殊"。人们从万物具体的理,去推究"天下一理"之"理"。从这种天理观出发,二程一方面从求理的角度肯定史学的作用,认为要识"理",识得历史治乱兴衰之理,就必须要"考古今,察物情,揆人事,反复研究而思索之"[2]。另一方面,二程又认为经书是教人道理的,必须先通过读经识得道理,然后才能读史。二程说:"尝语学者,且先读《论语》《孟子》,更读一经,然后看《春秋》。先识得个义理,方可看《春秋》。"[3] 又说:"凡读史,不徒要记事迹,须要识得治乱安危兴废存亡之理。"[4]《上蔡先生语录》卷之中记载弟子谢良佐"记闻甚博""举史文成诵",程颢却批评他是"玩物丧志",意思是说他只知道"记诵博识,而不

---

[1] 程颢、程颐:《程氏遗书》卷十八,载《二程集》,中华书局1981年版。
[2] 程颢、程颐:《程氏粹言》卷一,《论学》,载《二程集》,中华书局1981年版。
[3] 程颢、程颐:《程氏遗书》卷十五,载《二程集》,中华书局1981年版。
[4] 程颢、程颐:《程氏遗书》卷十八,载《二程集》,中华书局1981年版。

理会道理"。在二程的理学思想中,以经为本、经先史后的观点是非常明确的。

南宋朱熹继承并发扬了二程理学思想,是宋代理学的集大成者和宋代义理之学体系的建立者。在对待经史关系问题上,朱熹也承继了二程的先经后史的经史观。朱熹从万物一理、理一分殊的角度肯定古今历史与事物中存在着天理,要想明理,就必须要读书、读史,朱熹说:"是其粲然之迹,必然之效,盖莫不具于经训史册之中。欲穷天下之理而不即是而求之,则是正墙面而立尔。此穷理所以必在乎读书也。"[1] 但是,朱熹又明确指出,对于明理而言,经相对于史更为重要。更加强调读经对于明理的重要性。究其原因,一是经书全是天理,而史书则不尽然。朱熹说:"《六经》是三代以上之书,曾经圣人手,全是天理,三代以下文字有得失,然而天理却在这边自若也。"[2] 既然史书是三代以下文字,并非全是天理,人们读书明理,就必须要以经为本、先经后史。二是既然史书并非全是

---

[1] 朱熹:《朱熹集》卷十四,《行宫便殿奏札二》,四川教育出版社1996年版。

[2] 黎靖德编:《朱子语类》卷十一,岳麓书社1997年版。

天理，如果不以经为本、先经后史，就容易为史所坏。他批评同时代的学者吕祖谦说："伯恭（吕祖谦字）于史分外仔细，于经却不甚理会。""缘他先读史多，所以看粗著眼。读书须是以经为本，而后读史。"[1] 朱熹强调要站在天理的高度来认识历史、学习历史，才能做到"陶铸历代之偏驳，会归一理之纯粹。"[2] 因此，他一再指出："故程夫子教人先读《论》《孟》，次及诸经，然后看史，其序不可乱也。"[3] 值得注意的是，相比较于二程，朱熹理学更加强调"格物致知"的穷理功夫，而史学正是这种为格物致知而应该从事并且能够从中取得感发的一种学问。正是基于这种认识，朱熹在史学上下的气力更大，并且取得了非凡的成就。

从上所述可知，作为宋代义理之学的代表，程朱理学主张先经后史、以经为本的经史观念，表现出了明显的重经、崇经、荣经的思想倾向；而这种经史观念的哲学基础，则是其万物一理、理一分殊、理在事先的理学思想。在程朱理学看来，"天下只有一理"，

---

[1] 黎靖德编:《朱子语类》卷一二二，岳麓书社 1997 年版。
[2] 朱熹:《资治通鉴纲目后序》，四库全书本。
[3] 朱熹:《朱熹集》卷三十五，《答吕伯恭》，四川教育出版社 1996 年版。

理在事先,而经学是理,史学是事,故而明理必须崇经、荣经,经先史后。程朱理学大力宣扬以经为本、先经后史的经史观,在客观上确实有助于此后经学风气的兴盛。我们从唐宋时期科举考试内容上唐人考诗赋而宋代易之以经义的变化也可看出这种风气的转变情况。但是,问题的关键是:程朱理学荣经是否就陋史?我们的答案是否定的。我们认为程朱理学宣扬以经为本、经先史后是实,但这并不等于就是轻视史学。程朱理学还有一个重要哲学思想,即宣扬理在事中、格物穷理,认为万物皆有其理,史事之中有历史兴衰之理,明理既离不开"经训",同样也离不开"史册",所以朱熹一再向人申明,他叫人读经并不等于不要人去读史。他说:"昨日有人问看史之法,熹告以当且治经,求圣贤修己治人之要,然后可以及此,想见传闻又说不教人看史矣。"[1]朱熹本人既是理学家,也是史学家,他在史学上所取得的卓越成就,就是他重视史

---

[1] 朱熹:《朱熹集》卷四十四,《答梁文叔》,四川教育出版社1996年版。

学的一个最好注脚。[1] 由此得出结论，以程朱为代表的宋代义理之学的以经为本、先经后史的经史观念，由于程朱理学的特殊地位，对于宋代以后荣经轻史之风的兴起无疑是有着重要影响的，至于宋学末流则更是只知空谈性命道理。但是，就程朱理学本身的经史观念而言，说他们荣经是实，陋史则不确；尊经是实，卑史则不尽然。

三、明清"六经皆史"说问题

"六经皆史"说是明清学术史、经学史与史学史上一个重要命题。从王阳明的"五经亦史"说，到王世贞的"六经，史之言理者"、李贽的"六经皆史"说，再到章学诚的"六经皆史"说，关于经史关系的论述也随之而不断地深入。然而，关于明清诸贤此说所反映的经史观念，特别是是否蕴含有经史尊卑问题，迄今为止学界还存在着较大的分歧。

---

[1] 朱熹的史学成就斐然，他与学生赵师渊合写的《资治通鉴纲目》，创立了中国古代史学的纲目体裁；他撰述的《伊洛渊源录》一书，则是古代学案体史书的滥觞之作；他还有大量的历史评论与史学批评散见于《朱文公文集》和《朱子语类》之中。

第二章 中国古代的经史尊卑论

谈到明清的"六经皆史"命题，人们往往要追溯到隋朝的王通，学界一般认为他是最早提出"以经为史"的人。[1]《文中子·中说》卷一《王道》篇说："昔圣人述史三焉：其述《书》也，帝王之制备矣，故索焉而皆获；其制《诗》也，兴衰之由显，故究焉而皆得；其述《春秋》也，邪正之迹明，故考焉而皆当。此三者，同出于史而不可杂也，故圣人分焉。"在此，王通提出了"六经"中的《尚书》《诗经》《春秋》"同出于史"的观点。在王通看来，《尚书》《诗经》和《春秋》"三经"的立意有别于其他经书，圣人分此三经以述史，旨在

---

[1] 也有一些学者不同意这一说法，如钱钟书就认为此说与先秦道家有关系，他说："《庄子·天运》篇记老子曰：'夫六经，先王之陈迹也，岂其所以迹哉'；《天道》篇记，桓公读圣人之书，轮扁斲轮乃古人糟粕，道之精微，不可得传。《三国志·荀彧传》注引何劭为《荀粲传》，记粲谓：'孔子言性与天道，不可得闻，六籍虽存，固圣人之糠秕'云云。是则以六经为存迹之书，乃道家之常言，六经皆史之旨，实肇端于此。"（钱钟书：《谈艺录》，中华书局1984年版，第266页）周予同则认为："古代'经''史'不分，隋代王通也不能说是'以经为史'的最早者。如果上溯的话，孔子即曾说过：'《春秋》其文则史，其义则丘窃取之矣！'那么，孔子就是以《春秋》为史了。"（朱维铮编：《周予同经学史论著选集》，上海人民出版社1996年版，第716页）我们认为，先秦道家和孔子的"以经为史"，是经史未分时代的一种说法，与经史已分时代的隋朝王通的"三经亦史"说及其以后的"五经亦史""六经皆史"说所谈论的经史关系还不是一个概念。

"备帝王之制""显兴衰之由"和"明邪正之迹"。很显然,述史述经,只是圣人的一种分说,本身并不体现经与史孰尊孰卑的问题;同时,"三经亦史"说可能在形式上对后来明清时期"六经皆史"命题的提出有启发作用,但二者之间存在着本质的区别。

明代心学家王阳明在批判与继承宋儒经史关系论的基础上,明确提出了"五经亦史"的观点,成为中国古代学术史上"六经皆史"说最早的系统阐述者之一。王阳明一方面从"心即理""心理无二"的心学观点出发,反对宋代理学家们将"理"看作超然之物、绝对观念;另一方面又继承了宋儒从理事、道器的哲理高度探讨经史关系的传统。王阳明认为,经史之间的关系,"以事言谓之史,以道言谓之经。事即道,道即事,《春秋》亦经,《五经》亦史。《易》是包牺氏之史,《书》是尧、舜以下史,《礼》《乐》是三代史,其事同,其道同,安有所谓异?"又说:"《五经》亦只是史。史以明善恶,示训戒。善可为训者,特存其迹以示法;恶可为戒者,存其戒而削其事以杜其奸。"[1]

---

[1] 王阳明:《王阳明全集》卷一,《传习录上》,上海古籍出版社1992年版。

第二章 中国古代的经史尊卑论

从这两段话可以清楚地看到王阳明经史关系论的基本内涵，其一是不仅提出了"五经亦史"的经史命题，而且还从理事、道器合一的哲理高度对"五经亦史"说作出了理论论证；其二是从"事即道，道即史"的经史观出发，而肯定存史的目的即在于存"道"，在于"明善恶，示训戒"。因此，王阳明"五经亦史"的理论意义，是肯定了经史、事道之相同、无异和合一的关系。

王阳明之后的明儒，显然是受到王阳明的影响，似乎都热衷于讨论经史关系问题，注重阐发"六经皆史"的命题，其中最具代表性的学者有王世贞、李贽等人。王世贞认为："天地间无非史而已。六经，史之言理者也；编年、本纪、志、表、书、世家、列传，史之正文也；叙、记、碑、铭、述，史之变文也……"[1] 这就是说，所谓经书，其实也就是史书之一种。王世贞还继承了王阳明的理事、道器合一说，认为史中含道，道依赖史而得以相传。他说："史不传则道没，史既传而道亦系之而传。"[2] 王世贞甚至将史的作用看得比经还大，他说："经载道者也，史纪事者也。以纪事

---

[1] 王世贞：《弇州山人四部稿》卷一一四，明万历刻本。
[2] 王世贞：《纲鉴会纂序》，载《纲鉴会纂》，明万历刊本卷首。

之书较之载道之书，孰要？人必曰经为载道之书，则要者属经，如是遂将去史弗务。嗟乎！智愈智，愚愈愚，智人之所以为智，愚人之所以为愚，其皆出于此乎？"在王世贞看来，造成"愚愈愚"局面的原因，就在于世人重经轻史，所以他大声疾呼"史学在今日倍急于经，而不可以一日而去者也""君子贵读史"[1]。王世贞的"贵史"论，不但与宋儒过分荣经有明显的不同，而且对于晚明以来学风的转移和重史思潮的出现也是有一定影响的。

李贽是一个被称为具有"异端"思想的学者，他评价历史事件与历史人物不以孔子和儒家的是非为是非，而是"一切断以己意"[2]。他曾作《经史相为表里》一文，对经史关系作出论述："经史一物也。史而不经，则为秽史，何以垂戒鉴乎？经而不史，则为说白话矣，何以彰事实乎？故《春秋》一经，春秋一时之史也。《诗经》《书经》，二帝三王以来之史也。而《易经》则又示人以经之所自出，史之所从来，为道屡迁，交易匪

---

[1] 王世贞：《纲鉴会纂序》，载《细鉴会纂》，明万历刊本。
[2] 梅国祯：《藏书序》，载李贽《藏书》卷首，中华书局1959年版。

常，不可以一定执也，故谓《六经》皆史可也。"[1] 在此，李贽一方面以理事合说经史，肯定史以经明理、经以史彰事，二者是统一的关系；另一方面，李贽则明确提出了"六经皆史"的说法，这在中国古代学术史上至少在字面上还是第一次。李贽提出"六经皆史"说，其主旨是利用王学此说的积极因素，进一步在思想领域反对程朱理学，挑战程朱理学的正统与权威。

当然，对于"六经皆史"命题作出最系统阐述的，还得数清代史评家章学诚。关于章学诚"六经皆史"说的提出及其理论价值，学术界的认识与评价存在着很大的分歧，褒之者认为"六经皆史"说是章学诚的一种创见，它将"六经""从神圣的宝座拉下来"，在思想上有进步意义[2]；贬之者认为"六经皆史"说并非章学诚首倡，甚至他关于此说的表述也没有王阳明"清楚明白"[3]；也有学者中肯地提出"六经皆史"说的发明权不是章学诚，不过他却赋予这一命题"以充实的内

---

[1] 李贽：《焚书》卷五，《经史相为表里》，中华书局1960年版。
[2] 侯外庐：《中国早期启蒙思想史》，人民出版社1956年版，第509页。
[3] 参见喻博文：《两则史料辨证》，《学术月刊》1981年第5期。

容和系统理论"[1]。之所以会出现各种分歧,这既有研究者主观的学术素养与思想认识上的差异,也与章氏该命题本身内容繁复、概念的内涵与外延全书不统一有一定的关系。

其实,关于章学诚并非"六经皆史"说的首倡者学界已经基本上形成共识,问题的关键是:章学诚究竟有没有赋予此命题以新的含义?他重提并且着力系统阐发这一命题的真正目的究竟何在?章氏"六经皆史"说是否蕴含着经史尊卑的含义于其中?这才是需要史界同仁应该加以关注和作出回答的。

要了解章氏"六经皆史"说的基本内涵,须着重把握章氏有关论述的三个要点:第一,古代"无经史之别",后世史学源于《春秋》。章学诚认为,古代"无经史之别,六艺皆掌之史官,不特《尚书》与《春秋》也"[2]。又说:"三代以前,《诗》《书》六艺,未尝不以教人,不如后世尊奉六经,别为儒学一门,而专称为

---

[1] 仓修良、叶建华:《章学诚评传》,南京大学出版社1996年版,第158页。
[2] 章学诚:《章学诚遗书》卷十三,《论修史籍考要略》,文物出版社1982年版。

载道之书者。"[1]这就清楚地告诉人们,所谓视"六经"为专门的载道之书,那是后世儒者所为,其实在三代以前,经史没有区别,"六经"就是由史官执掌的教人行事之书。这就将儒家"六经"还原了它的本来面目。章学诚认为,后世经史分途,后世之史学则源于《春秋》。《章氏遗书补遗·上朱大司马论文》说:"盖六艺之教,通于后世有三:《春秋》流为史学;《官礼》诸记,流为诸子论议;《诗》教流为辞章辞命;其他《乐》亡而入于《诗》《礼》,《书》亡而入于《春秋》,《易》学亦入官礼,而诸子家言,源委自可考也。"又说:"叙事实出史学,其源本于《春秋》'比事属辞',左、史、班、陈,家学渊源,甚于汉廷经师之授受。马曰:'好学深思,心知其意';班曰:'纬六经,缀道纲,函雅故,通古今'者,《春秋》家学,递相祖述,虽沈约、魏收之徒,去之甚远;而别识心裁,时有得其仿佛。"由此可知,史学属于《春秋》家学。

第二,"六经皆先王之政典",是"切人事"的学问。《文史通义》开篇即说:"古人未尝离事而言理,六经

---

[1] 章学诚:《文史通义》卷二,《原道中》,叶瑛校注本,中华书局1994年版。

皆先王之政典也。"《校雠通义·原道》解释说:"后世文字,必溯源于六艺。六艺非孔氏之书,乃周官之旧典也。《易》掌太卜,《书》藏外史,《礼》在宗伯,《乐》隶司乐,《诗》领于太师,《春秋》存乎国史。夫子自谓述而不作,明乎官司失守,而师弟子之传业,于是判焉。"《文史通义·经解上》也说:"古之所谓经,乃三代盛时,典章法度,见于政教行事之实,而非圣人有意作为文字以传后世也。"这些论述都明确指出,"六经"不过是记载三代盛世时期政典史事之书,而非孔子留于后人的载道之书。章学诚又认为,三代的学术并没有将后世所谓"六经"当作经书来看待,而只是将这些"先王之政典"当作"切人事"之史来看,"三代学术,知有史而不知有经,切人事也"[1],认为三代时期虽然有"经"书,但它不过是诸子书的一种分类,"诸子著书,往往自分经传,如撰辑《管子》者之分别经言,墨子亦有《经》篇,韩非则有《储说》经传,盖

---

[1] 章学诚:《文史通义》卷五,《浙东学术》,叶瑛校注本,中华书局1994年版。

亦因时立义，自以其说相经纬尔"，[1] 与后世儒家所遵奉的经书的含义是不同的。

第三，"道不离器"，"六经皆器也"。章学诚"六经皆史"说的哲理基础则是他的"道不离器"说。《文史通义·原道中》说："《易》曰：'形而上者谓之道，形而下者谓之器。'道不离器，犹影不离形。后世服夫子之教者自六经，以谓六经载道之书也，而不知六经皆器也。"这段话清楚地表明，"道不离器""道器合一"是事物的普遍法则，因此，"六经"不仅只是"著理"的载"道"之书，而且也是"未尝离事"的"器"，是道与器、理与事的统一。这就从形上与形下两个层面对于"六经"的本质作出了回答。

那么，章学诚着力阐发"六经皆史"说这一命题的真正目的究竟何在？我们认为主要也有三个方面：第一，章学诚的"六经皆史"说是为阐发其经世致用史学思想提供理论依据的。章学诚治史，是以经世致用为目的的，他说："史学所以经世，故非空言著述

---

[1] 章学诚：《文史通义》卷一，《经解上》，叶瑛校注本，中华书局1994年版。

也。"[1] 众所周知，章学诚所处的乾嘉时代，是考据之风大盛的时代。如果说当年顾炎武为宣扬经世致用的学风而提倡考据实学，那么这个时期的考据学则已经是一种脱离现实、逃避现实的学术，人们埋头于故纸堆，与现实隔膜。同时，这一时期的宋学尽管相对微弱，却仍然还是以空谈性命道理为务。毫无疑问，清初所提倡的那种经世致用学风到了这一时期已经丧失殆尽。章学诚在这样一种特定的历史时代而大倡"六经皆史"说，就是要将斗争的锋芒直指向空谈性命的宋学和务求考索的汉学。章学诚肯定"六经皆史"，其实就是要从源头上去论证史学的经世致用性。在章学诚看来，既然"六经"是"切人事"的，"皆先王得位行道，经纬世宙之迹，而非托于空言"[2]的政典，后人学习经书，就应该弘扬这种经世的学风，继承这种经世的精神，而不应该将经学变成一种只是空谈义理或是专务考索的学术，那样，就完全偏离了经学的本意。

---

[1] 章学诚:《文史通义》卷五,《浙东学术》,叶瑛校注本,中华书局1994年版。
[2] 章学诚:《文史通义》卷一,《易教上》,叶瑛校注本,中华书局1994年版。

第二，章学诚"六经皆史"说具有扩大史学视野与把握史学思潮的价值。章学诚所谓"六经皆史"之"史"，当然是具有史料含义的。因为章学诚明确认为"六经"是先王的政教典章，是历史的记录，是"切人事"的文献。肯定"六经"是史料，它的史学意义是重大的：人们因此可以将"六经"当作先王时期的重要史料来看待，以对先王时期的各种社会政治制度作出研究，从而有助于我们对于先王时期历史的认识；经史合一，从而扩大了人们的史料收集和历史研究范围，有助于人们对于历史的全面了解和正确解读。另一个方面，"六经"都注重阐发历史观点，而正是这种历史观点给予了史学及其史学思想的发展以极大的影响。正如吴怀祺先生所说的，说"六经"是史，"这主要不是从历史编纂学上说，也不是着重从史料学上说，应当从历史意识上、从史学思想上来理解这个问题。中国的史学思想的主要思潮，溯源探流，都可以追寻到《六经》那里。《六经》的每一部经书中不是孤立地、简单地阐述一种见解，反映一种历史意识；情况比较复杂，但每一部经书，相对地说，比较集中地表达一种历史见解、一种史学观点。"[1]

第三,章学诚的"六经皆史"说还蕴含了一种史学变革的精神。章氏重视学术"流变",倡导史学创新与著作精神,他认为三代以上之史与三代以下之史存在着明显的不同,"三代以上,记注有成法,而撰述无定名。三代以下,撰述有定名,而记注无成法"[2]。"撰述欲其圆而神,记注欲其方以智也。"[3]这里所谓"记注",指的是以保存史料为务之史书,它追求"方以智",有一定之成规;所谓"撰述",则是指依据记注而撰成的史学著作,它没有固定的名称,重视"圆而神"。章氏认为"六经皆史",如"《尚书》无定法,而《春秋》有成例"[4],他们都很好地体现了史书的"圆而神""方以智"的精神。然而三代以下"继《春秋》而有作"之史,只有司马迁"近于圆而神"、班固"近于方以智",

---

[1] 吴怀祺:《中国史学思想史》,安徽人民出版社1996年版,第15页。

[2] 章学诚:《文史通义》卷一,《书教上》,叶瑛校注本,中华书局1994年版。

[3] 章学诚:《文史通义》卷一,《书教下》,叶瑛校注本,中华书局1994年版。

[4] 章学诚:《文史通义》卷一,《书教下》,叶瑛校注本,中华书局1994年版。

其他皆失去了史学的创新精神,"纪传行之千有余年,学者相承,殆如夏葛冬裘,渴饮饥食,无更易矣。然无别识心裁,可以传世行远之具,而斤斤如守科举之程式,不敢稍变;如治胥吏之簿书,繁不可删。以云方智,则冗复疏舛,难为典据;以云圆神,则芜滥浩瀚,不可诵识。盖族史但知求全于纪表志传之成规,而书为体例所拘,但欲方圆求备,不知纪传原本《春秋》,《春秋》原合《尚书》之初意也"[1]。由此来看,章氏提倡"六经皆史"说,就是要在复古的旗帜下,复史学固有的讲求通变、提倡"圆而神""方以智"的精神。

如果我们将章学诚的"六经皆史"说与王阳明以来的"六经皆史"说作一比较便不难看出,他们谈论的命题相同,提出的道器合一、理事合一、经史合一的观点也相近,似乎看不出之间有什么区别。然而,正如吴怀祺先生所说的,"张氏学术与王氏的心学则是貌似而心异"[2]的。王氏"五经亦史"说是从心学角

---

[1] 章学诚:《文史通义》卷一,《书教下》,叶瑛校注本,中华书局1994年版。

[2] 吴怀祺:《中国史学思想史》,安徽人民出版社1996年版,第296页。

度肯定五经皆"吾心之记籍"[1]；他的道器合一、经史合一，只是为了论证"六经"与史同具于吾心罢了。从目的论而言，章氏与王氏的经史之学可谓是有天壤之别的。至于王世贞所谓"六经，史之言理者也"，是从区分典籍立论的；他提出的"贵史"论对于扭转当时的荣经空疏学风有一定的积极意义，但却是以经载道、史纪事二分经史孰重立论的。而李贽虽然最早说出"六经皆史"一语，然而他的目的只是要否定儒学权威，所以他说："《六经》《语》《孟》，非其史官过为褒崇之词，则其臣子极为赞美之语。"[2] 由此可见，王、李二人的"六经皆史"说与章学诚的"六经皆史"说之旨趣可谓是风马牛不相及的。

那么，章学诚的"六经皆史"说是否涉及经史尊卑的问题？是否如有的学者所言是将经学从神圣宝座上拉了下来？从我们以上叙述其实不难看出，章学诚的"六经皆史"说从根本上说是服务于经世致用这样一个学术思想主题的，他认为古代经书都是治理国家、

---

[1] 王阳明：《王阳明全集》卷七，《稽山书院尊经阁记》，上海古籍出版社1992年版。

[2] 李贽：《焚书》卷三，《童心说》，中华书局1960年版。

切于民生日用的典籍,因而也就是史,这种"切人事"的经书是一切著述的根本精神所在,后世史书出自《春秋》,理应承继经书"切人事"的传统。同时,章氏认为经书切于人事的著述精神反映在其编纂上,则以"圆而神""方以智"为旨趣,而这种撰述旨趣在后来的史著中除去《史记》和《汉书》之外,都已经不具有了。章学诚提倡"六经皆史",也是希望后世史学撰述能够继承这一古代经学撰述的优良传统,重视学术流变,从而赋予学术永恒的生命力。由此可见,章学诚的"六经皆史"说其意根本不在于比较经与史孰轻孰重,因而也不存在什么贬低"经"的意思。

第三章 刘歆的古文经学与班固史学

刘歆是西汉末年的古文经学家,他请立《左传》《毛诗》《逸礼》和《古文尚书》等古文经,由此发起古文运动和今古文之争。作为古文经学家,刘歆的学术成就是多方面的。他撰写的我国第一部系统的目录学著作《七略》,在古代历史文献学上有重要地位;他的《三统历谱》宣扬的五行相生之五德终始说,成为历代解说王朝更替、论证政权合法性的重要理论。刘歆的古文经学思想,直接影响了东汉班固史学,《汉书·艺文志》的编纂,《汉书》大力宣扬的五德相生思想,都与刘歆学术思想有着密切的关系。

第三章 刘歆的古文经学与班固史学

一、刘歆的《七略》与《汉志》的编纂

刘向、刘歆父子相继编纂的《别录》与《七略》,是以西汉末年大规模整理文献为背景的。刘向撰写《叙录》工作是与书籍的校雠勘定工作同时进行的,它们构成了文献整理工作的一个有机整体。刘向所编《别录》涉及的内容主要有:书籍篇目、内容大意、存佚及其流传情况,书籍的作者及其生平情况,以及关于学术评述和学术源流叙述等。《别录》作为我国历史上第一部书目题解,为随后刘歆编撰《七略》奠定了基础。刘歆的《七略》是在其父刘向《别录》的基础上"撮其指要"而成的。对于《七略》与《别录》之间的关系,阮孝绪在《七录序》中已作了明确说明:刘向"又别集众录,谓之《别录》,即今之《别录》是也。子歆撮其指要,著为《七略》,其一篇即六篇之总最,故以辑略为名,次六艺略,次诸子略,次诗赋略,次兵书略,次术数略,次方技略"。曾贻芬、崔文印也认为:"'七

略'就是每个部类皆略取《别录》而来。"[1]

《七略》作为我国第一部系统的目录学著作,其最大功绩便是第一次对我国古代书籍进行了全面、系统的分类,从而为后世书籍分类提供了范式。中国古代学术分类发轫于先秦,像《庄子·天下》《荀子·非十二子》《韩非子·显学》《吕氏春秋·不二》等篇,诚可谓是这方面的先驱之作。司马谈撰《论六家要旨》,第一次对先秦学术思想进行了系统总结和分类。刘向、歆父子的书籍分类与前贤有所不同,这种书籍分类不但包含了传统意义上的学术思想分类(诸子学术分类),而且是对所有文献的全面而系统的分类,因此,比较司马谈《论六家要旨》的学术思想分类,刘歆《七略》可以称得上是中国古代第一次书籍大分类。《七略》一书今已不存,然班固《汉书·艺文志》却是"删其要"而成的,我们完全可以从中管窥刘氏分类思想之大要。

其一,首倡书籍六分法。《七略》一书共分"辑略""六艺略""诸子略""诗赋略""兵书略""术数略"和"方技略"等七个"略",而实际上"辑略"只是一个

---

[1] 曾贻芬、崔文印:《两汉时期历史文献学的初步形成》,《史学史研究》1988年第1期。

对全书的总体说明，它不属于书籍分类。因此，《七略》的书籍分类是一种六分法，亦即将书籍分成六艺、诸子、诗赋、兵书、术数和方技六大门类。大类之下有小类，亦称种，《七略》共分书籍为 38 种。小类（即种）之下有家，《七略》共分书籍为 603 家。家之下便是书名了，《七略》总共著录的书籍多达 13 000 余卷。《七略》六分法已经在司马谈《论六家要旨》学术分类的基础上大大向前发展了。司马谈的学术分类只是将先秦诸子学术分为六家，而刘歆的学术分类则是在诸子之外又划分了五大类，因而是一种囊括了各种学术于其中的真正意义上的学术分类。刘歆六分法对于后世目录分类有着重要影响，此后各时代的书籍分类，其实都是在此基础上所作的各种不同整合而已。如王俭的《七志》、阮孝绪的《七录》，顾名思义，即知乃刘氏《七略》之仿效作。即使如在中国目录学史上有着重要影响的经、史、子、集四分法，其基本因子也已尽在《七略》之中。由此可见，《七略》的六分法不但对于中国目录分类有开创之功，而且对于中国目录学之发展有着深远的影响。同时，《七略》的撰写以及六分法的提出，对于正史的编写也有莫大的影响。中国古代正史的第一个"艺文志"——班固的《汉书·艺文志》，便是直接对《七略》"删其要"而成的。因此，《七略》之于中国学术和中国史学厥功至伟。范文澜先生对于《七略》之于史学的贡献给予了很高的评价，将其与《史记》相提并论。他说："它（《七略》）不只是目录学校勘学的开端，更重要的还在于它是一部极可珍贵的古代文化史。西汉有《史记》《七略》两大著作，在史学史上是辉煌的成就。"[1]

其二，提出十家九流说。十家九流是《七略》当中《诸子略》的学术分类，它是在司马谈六家说的基础上发展起来的。所谓九流，即是在司马谈所论阴阳、儒、墨、法、名、道六家的基础上补上纵横、杂、农三家而合为九流。不过，《七略》之九流分类虽然也将司马谈所论六家置于最前，但对于六家本身的排序上与司马谈不同，《七略》六家（亦称六流）的前后次序是儒、道、阴阳、法、名、墨。九流以儒贯首，这自然体现了刘氏之儒家本色，同时也是与汉代诸子学术之地位相符的。而十家则是在九流之后附以小说家。

---

[1] 范文澜：《中国通史简编》修订本，人民出版社1958年版，第126页。

第三章 刘歆的古文经学与班固史学

《七略》提出的十家九流说,一方面充分肯定了司马谈关于先秦诸子学术已有的六家分类的思想和方法,另一方面又在此基础上作了进一步的补充。我们认为,从诸子学术分类而言,司马谈划定诸子学术为六家,实为千古不易之论。但是,刘歆的十家九流之分类,其目的一方面是为了更加全面地囊括诸子学术之流派,另一方面则是出于著录书目,为全面评述诸子学术提供方便的一种需要。因此,十家九流说的主要意义在于其提供了一种目录学的便利。对于十家九流说之于诸子学术的目录分类上的意义,即使如对此划分颇有微词的梁启超也是予以肯定的。他说:"学派既分,不为各赋一名以命之,则无所指目以为论评之畛畔,况校理书籍,尤不能不为之类别以定编录之所归,故汉志以'流'分诸子,在著述方法上不能不认为适当。"[1] 而梁启超对十家九流说有微词,主要是认为《七略》所补四家在学术思想和性质上与前六家非为同类,不可并列。尽管如此,他也不得不承认"分诸子为九

---

[1] 梁启超:《饮冰室合集·专集》之八十四,《〈汉书·艺文志·诸子略〉考释》,中华书局1989年版。

家十家，不过目录学一种便利"[1]，肯定十家九流说之目录分类的合理性。

其三，提出"诸子出于王官"论。"诸子出于王官"是刘氏在《七略·诸子略》中提出的一个重要理论。如果说司马谈《论六家要旨》以六家分类诸子主要是通过辨章诸子学术而成的不易之论，那么刘氏"诸子出于王官"论则主要是通过对诸子（即十家九流）学术考镜源流的一个重要成果。"诸子出于王官"论详见于《汉书·艺文志》：

> 儒家者流，盖出于司徒之官，助人君顺阴阳明教化者也。游文于六经之中，留意于仁义之际，祖述尧舜，宪章文武，宗师仲尼，以重其言，于道最为高……
>
> 道家者流，盖出于史官，历记成败存亡祸福古今之道，然后知秉要执本，清虚以自守，卑弱以自持，此君人南面之术也……
>
> 阴阳家者流，盖出于羲和之官，敬顺昊天，

---

[1] 梁启超：《饮冰室合集·专集》之八十四，《〈汉书·艺文志·诸子略〉考释》，中华书局1989年版。

第三章 刘歆的古文经学与班固史学

历象日月星辰，敬授民时，此其所长也。及拘者为之，则牵于禁忌，泥于小数，舍人事而任鬼神。

法家者流，盖出于理官，信赏必罚，以辅礼制。《易》曰："先王以明罚饬法"，此其所长也。及刻者为之，则无教化，去仁爱，专任刑法而欲以致治，至于残害至亲，伤恩薄厚。

名家者流，盖出于礼官。古者名位不同，礼亦异数。孔子曰："必也正名乎！名不正则言不顺，言不顺则事不成。"此其所长也。及謷者为之，则苟钩鈲析乱而已。

墨家者流，盖出于清庙之守。茅屋采椽，是以贵俭；养三老五更，是以兼爱；选士大射，是以上贤；宗祀严父，是以右鬼；顺四时而行，是以非命；以孝视天下，是以上同：此其所长也。及蔽者为之，见俭之利，因以非礼，推兼爱之意，而不知别亲疏。

……

如此等等。对于《七略》"诸子出于王官"之论，梁启超提出了批评。梁氏说："其述各派渊源所自，尤属穿凿附会，吾侪虽承认古代学术皆在官府，虽承认春秋战国间思想家学术渊源多少总蒙古代官府学派之影响，但断不容武断某派为必出于某官。"[1] 在此，梁启超并不反对《七略》"诸子出于王官"论，但他批评《七略》断定某家一定出于某官的说法。应该说，梁启超的这一批评是较为中肯的。值得注意的是，《七略》在提出"诸子出于王官"论的同时，还肯定了十家九流学术各有所长（当然刘歆对诸子学的评论是以儒家为本位的）。刘歆认为，诸子之学都是政治学，是出于治政的需要而产生的，因此，诸子学术与治政之间的关系，诚如《易传》所说的，是"天下同归而殊途，一致而百虑"。既然诸子学术都是为了治政的需要，因此，刘歆认为人们应该在尊崇儒术的前提下，积极吸取诸家学术之所长。他说："若能修六艺之术，而观此九家之言，舍短取长，则可以通万方之略也。"[2] 应该说，刘歆兼收并蓄诸子学术的思想是对司马迁学术思想和精神的一种继承，如果联系到刘歆所处的西汉

---

[1] 梁启超：《饮冰室合集·专集》之八十四，《〈汉书·艺文志·诸子略〉考释》，中华书局1989年版。

[2] 以上均见《汉书》卷三十，《艺文志》，中华书局1962年版。

第三章 刘歆的古文经学与班固史学

末年已是儒术早已独尊、谶纬神学泛滥这样一种人文环境,有这样一种开放的学术思想就更加难能可贵了。

如果说刘歆的《七略》是对刘向《别录》"撮其指要"而成的,那么班固的《汉志》则是对刘歆的《七略》"删其要"而成的。《汉志》不但保存了《七略》的基本内容,而且作了一定的删改,在历史编纂与目录学思想上都有重要意义。

首先,《汉志》对《七略》的删取与整理。对于《汉志》删取《七略》,史家刘知幾、郑樵多有批评。刘知幾《史通·书志》认为班固《汉书》十志多为"因人成事"之作:"缀孙卿之词以序《刑法》,探孟轲之语用裁《食货》,《五行》出刘向《洪范》,《艺文》取刘歆《七略》。因人成事,其目遂多。"其中就包括删取刘歆《七略》而成的《艺文志》。郑樵更是因为与班固《汉书》断代为史的作史理念不同,而直斥班固为"浮华之士也,全无学术,专事剽窃"[1]。他针对《汉志》删取《七略》之事评论道:"班固《艺文志》,出于《七略》者也。《七略》虽疏而不滥,若班氏步步趋趋不离于《七略》,未

---

[1] 郑樵:《通志·总序》,中华书局1987年影印本。

见其失也。间有《七略》所无,而班氏杂出者,则颟矣。"随后举出一些具体事例,以证明班固只是"胸中元无伦类"之人。[1]诚如章学诚《校雠通义·补校汉艺文志》所言:"郑樵《校雠》诸论,于《汉志》尤所疏略。盖樵不取班氏之学故也。"实际上,《汉志》虽然是删取《七略》而成,却绝不只是简单抄袭,在结构、分类以及辨伪等方面,是颇为用心和讲究的,蕴含了他对目录学的理解。

一是结构调整。前已述及,刘歆的《七略》,顾名思义,其包含的内容有七个部分,它们分别是:"辑略""六艺略""诸子略""诗赋略""兵书略""数术略"和"方技略",其中"辑略"是说明各派学术源流、内含与特点的。《汉志》从形式上取消了"辑略",却保留了其内容,并将其内容拆散,作为序文并入到各篇当中,使得图书著录与相关学派学术说明结合得更为紧密,在了解图书典籍的同时,也加强了对各派学术及其流变的认识。

二是分类调整。《汉志》在大体保留《七略》书目

---

[1] 郑樵:《通志》卷七十一,《校雠·编次不明论》,中华书局1987年影印本。

分类的基础上，进行了一定程度的调整，从而使书籍分类更为合理。《汉志》分类调整奉行的基本原则是"入""出""省"。所谓"入"，颜师古注云："凡言入者，谓《七略》之外，班氏新入之矣。"其实"入"还有一种情况，就是书目原来《七略》中就有，只是出于合理性考虑，而从一类中移至另一类中。其中"新入"者，如"六艺略"中有《书》"入刘向《稽疑》一篇"，小学"入扬雄、杜林二家二篇（一说三篇）"；"诸子略"中有儒家"入扬雄一家三十八篇"；"诗赋略"中"入扬雄八篇"等。"移入"者，如"六艺略"中有《礼》"入《司马法》一家，百五十五篇"；"诸子略"中有杂家"入兵法"；"兵书略"中"入蹴鞠一家二十五篇"等。"出"即是移出的意思，说明原有内容不适合分在此类。如"六艺略"中《乐》"出淮南刘安等《琴颂》七篇"；"诸子略"中"出蹴鞠一家，二十五篇"；"兵书略"中"出《司马法》五十五篇入礼也"等。"省"通常是因为书目重复出现在几类当中，为了保留一处而省去他处的做法。如"六艺略"中《春秋》"省《太史公》四篇"；"兵书略"中"省十家二百七十一篇重"等。《汉志》删取《七略》，补充的书籍很少，补充的部分体现在"新入"

的书籍上。所做的工作主要还是对书籍进行分类调整，以使分类更趋合理化，集中表现在"出"和"省"上。其中的"出"，主要是针对《七略》原来归类的不准确上，如《七略》将蹴鞠一家置于"诸子略"中，《汉志》认为其属于军事训练的兵技巧，应该调整到"兵书略"中；《七略》将《司马法》置于"兵书略"，《汉志》考虑到该书主要讲军礼而非兵法，所以将其调整到《六艺》的《礼》中。这样的调整，无疑使书籍与类别更为贴切。"省"则主要是针对《七略》出现的重复收录现象所做出的调整，如"兵书略"所省十家，《七略》中的"诸子略"和"兵书略"都作了收录，之所以如此，一则十家兼具政治、哲学与军事内容；二则当初校书有分工，"诸子略"为刘向负责，"兵书略"为任宏负责，他们各自都选取了此十家。《汉志》根据十家思想内容主要倾向，保留"诸子略"一处的收录，而在"兵书略"中予以注明，既避免了重复，又统一了体例。

三是书籍辨伪。《汉志》在删取《七略》著录书籍时，还做了书籍辨伪工作。班固作《汉志》，已经注意到了书籍中出现伪书现象。《汉志》删取《七略》书籍，通过辨伪，对其中的伪书明确作出标注。《汉志》在这些伪书下会注明"依托""托""增加""加"等字样,这是《汉志》的一个创造。纵观《汉志》的辨伪,主要有如下两个方面:其一是书籍伪。指书籍内容伪。分两种情况,有书籍内容的全部伪和部分伪之分。全部伪如"诸子略"之杂家,有《大禹》曰:"传言禹所作,其文似后世语。"小说,有《伊尹说》曰:"其语浅薄,似依托也。"《鬻子说》曰:"后世所加。"《师旷》曰:"见《春秋》,其言浅薄,本与此同,似因托之。"《务成子》曰:"称尧问,非古语。"《天乙》曰:"其言非殷时,皆依托也。"《黄帝说》曰:"迂诞依托。"部分伪如"诸子略"之道家,有《太公》曰:"吕望为周师尚父,本有道者。或有近世又以为太公术者所增加也。"《文子》曰:"老子弟子,与孔子并时,而称周平王问,似依托者也。"其二是作者伪。书籍真,但署名作者伪。如"诸子略"之道家,有《黄帝君臣》曰:"起六国时,与《老子》相似也。"《杂黄帝》曰:"六国时贤者所作。"《力牧》曰:"六国时所作,托之力牧。力牧,黄帝相。"阴阳家,有《黄帝泰素》曰:"六国时韩诸公子所作。"杂家,有《孔甲盘盂》曰:"黄帝之史,或曰夏帝孔甲,似皆非。"农家,有《神农》曰:"六国时,诸子疾时[急]于农业,道耕农事,托之神农。""兵书略"之兵阴阳,有《封胡》曰:"黄帝臣,依托也。"《风后》曰:"黄帝臣,依托也。"《力牧》曰:"黄帝臣,依托也。"《鬼谷区》曰:"黄帝臣,依托。"从上可知,《七略》收录的书籍存在伪书现象,这主要集中在删取《七略》之后的《汉志》之"诸子略"和"兵书略"两个部分,其中"诸子略"的道家5种、阴阳家1种、杂家2种、农家1种、小说家6种,合计15种;"兵书略"主要是兵阴阳4种。其他四略除了少数作者不明外,不存在作伪现象。

由上可见,《汉志》删取《七略》,是有自己的用心的。经过《汉志》的总体结构调整,通过"入""出""省"的方法对具体文献分类的调整,以及书籍辨伪和具体辨伪方法的使用等,不但使得文献目录分类更加合理,而且蕴含的文献目录学思想对后世目录学的发展影响深远。

其次,《汉志》的目录学价值。《汉志》作为现存的最早的图书目录,它在中国古代目录学史上具有重要的学术价值。具体来讲,《汉志》的价值主要表现在以下几个方面:

一是起到保存文献的作用。中国古代文献的产生

第三章 刘歆的古文经学与班固史学

源远流长,从上古"六经"文献到春秋诸子著作,再到秦汉伴随各种学术发展而出现的各类图书,数量可谓众多。西汉末年刘向、刘歆等人的图书整理,便是以汉代图书大发展为其背景的。正是刘歆《七略》的编写,才使人们对于先秦至汉代图书发展得以了解;而《七略》的图书目录著录价值,又是通过《汉志》得以体现的。特别是《七略》在唐末散佚之后,人们只能通过《汉志》来了解先秦两汉图书发展情况,《汉志》也因此显得更加宝贵了。纵观《汉志》删取《七略》而著录的图书,一共包括六大类38种,它们分别是:"六艺略"之《易》《书》《诗》《礼》《乐》《春秋》《论语》《孝经》、小学等九种,"诸子略"之儒、道、阴阳、法、名、墨、纵横、杂、农、小说等十种,"诗赋略"之屈原赋之属、陆贾赋之属、孙卿赋之属、杂赋、歌诗等五种,"兵书略"之兵权谋、兵形势、兵阴阳、兵技巧等四种,"数术略"之天文、历谱、五行、蓍龟、杂占、形法等六种,"方技略"之医经、经方、房中、神仙等四种。上述六大类38种图书,已经涵盖了先秦至西汉中国古代的基本图书。当然,这些图书只是先秦至西汉尚存的图书,并不包括已经散佚的历代图书。实际上,《汉

《志》编纂之前,由于各种战乱与政治因素,已经有很多典籍遭到毁灭。其中以秦火、秦末战乱和王莽之乱对于历代图书典籍的毁坏程度最大。仅秦朝焚书,就导致先秦私家所藏六国史书以及《诗》、《书》、百家语等被全部焚毁。中国古代史官制度产生很早,成就的史籍数量众多,然而《汉志》当中史籍却没有单独形成一大部类,即是秦火毁灭六国史籍导致的结果。也因此,我们从《汉志》当中已经无法了解到先秦时期史籍编纂的基本情况。从这个角度而言,《汉志》的编纂尤为可贵,它成为后人了解西汉以前中国古代典籍的唯一法门,并且成为人们考证先秦秦汉古书的重要依据。诚如清代学者金榜所言:"不通《汉书·艺文志》,不可以读天下书。《艺文志》者,学问之眉目,著述之门户也。"[1] 此语充分肯定了《汉志》的图书著录价值。

二是反映了先秦秦汉的学术发展。《汉志》不只是一篇图书目录,也是反映先秦秦汉学术发展史的重要文献。如果说《七略》的图书著录价值是通过《汉志》体现的,那么《七略》所反映的学术史价值也是通过

---

[1] 参见王鸣盛:《十七史商榷》卷二十二,"汉书艺文志考证"引金榜语,黄曙辉点校本,上海古籍出版社2013年版。

《汉志》所体现的。如前所述，在《汉志》之前，最早对古代学术史进行总结的是《庄子·天下》，该篇认为古代学术皆源于"六经"，后因天下大乱，道德不一，形成了墨翟、禽滑釐之学，宋钘、尹文之学，彭蒙、田骈、慎到之学，关尹、老聃之学和惠施之学等百家之学。此后，《荀子》的《非十二子》《天论》和《解蔽》，《韩非子·显学》，《尸子·广泽》，《吕氏春秋·不二》和《淮南子·要略》等，都对先秦学术进行了分类评析。但从总体来看，它们都是将学术观点相同或相近的代表性的学者作了归类，以人名标立学派，还未给这些学派冠以具体的家名。正如梁启超所说："庄荀以下论列诸子，皆对一人或其学风相同之二三人以立言。"[1] 司马谈《论六家要旨》，则是第一次以阴阳、儒、墨、名、法、道德"六家"对先秦以来学术思想进行了分类。从此以后，诸子百家的学术有了各自的家名。梁启超对此给予了高度的评价，他说："其檃栝一时代学术之全部而综合分析之，用科学的分类法，厘为若干派，而比较评骘，自司马谈始也。"同时认为以这六家来概

---

[1] 梁启超:《饮冰室合集·专集》之八十二，《司马谈〈论六家要旨〉书后》，中华书局1989年版。

括先秦以来的学术思想是很全面的,"此六家者实足以代表当时思想界六大势力圈"[1]。删取刘歆《七略》而成的《汉志》,从其中的"诸子略"可知,已经将先秦以来的学术分为儒、道、阴阳、法、名、墨、纵横、杂、农、小说等十家,在司马谈六家基础上增加了纵横、杂、农和小说四家。同时,"诸子略"之外的其他略,还起到了对于十家分类的补充作用。如"诗赋略"显然不能被小说家所能概括,"兵书略"属于兵家,"数术略"和"方技略"中的内容就包含了天文、历数、五行、医方等诸家。也就是说,《汉志》看似十家分类,而实际叙述的家派是大大超过此数的。应该说,《汉志》通过图书分类,对先秦以来的学术进行了重新分类,也是继司马谈《论六家要旨》以来对先秦秦汉学术所作的最为系统的反映。

值得注意的是,《汉志》的学术分类还对汉代今古文经学之争作出了反映。汉代是经学兴起的时代,西汉今文经学被立于官学,没有今古文之争。自西汉末年刘歆请立古文经之后,出现了今古文之别与今古文

---

[1] 梁启超:《饮冰室合集·专集》之八十二,《司马谈〈论六家要旨〉书后》,中华书局1989年版。

第三章 刘歆的古文经学与班固史学

之争。东汉古文经学兴盛，不过被立于官学的依然是今文经学。班固治学虽然"九流百家之言，无不穷究"[1]，但从经学立场而言，则属于古文经学学派。《汉志》的图书分类，在一定程度上反映了汉代今古文之争，同时也体现了班固自己的古文经学思想于其中。

其一，重视著录古文经典。《汉志》为了反映汉代今古文并存的学术现象，其图书著录注意到了古文经典，集中见于"六艺略"当中。"六艺略"著录经书，凡属于古文经典，皆以"古"字加以注明。如《书》类有《尚书古文经》四十六卷，为五十七篇；《礼》类有《礼古经》五十六卷，《经》十七篇；《春秋》类有《春秋古经》十二篇，《经》十一卷；《论语》类有《论语》古二十一篇。出孔子壁中，两《子张》；《孝经》类有《孝经古孔氏》一篇，二十二章。《小尔雅》一篇，《古今字》一卷；《书》类序曰："《古文尚书》者，出孔子壁中。武帝末，鲁共公坏孔子宅，欲以广其宫，而得《古文尚书》及《礼记》《论语》《孝经》凡数十篇，皆古字也。"[2] 众所周知，东汉初年还只是古文经学刚刚兴起的时代。刘歆

---

[1]《后汉书》卷四十上，《班彪列传》，中华书局1965年版。
[2] 参见《汉书》卷三十，《艺文志》，中华书局1962年版。

是古文经学发起者，班固属于古文经学家，《汉志》删取《七略》著录典籍，虽然打上了古文家的烙印，却由此全面反映了先秦以来的经学典籍，同时也折射出了汉代的今古文学术之争。其二，《周易》成为"六经"之首。关于"六经"的排序，是存在着今古文之别的。在古文经学兴起以前，今文经学排列"六经"，是依照《诗经》《尚书》《礼经》《乐经》《周易》和《春秋》之顺序的。这样的排列顺序，所依据的主要是经典的难易程度。古文经学对于"六经"的排列顺序，则依次为《周易》《尚书》《诗经》《礼经》《乐经》和《春秋》，这主要是依据经典出现的时代先后顺序排列的。《周易》之所以成为"六经"之首，古文家认为伏羲画的八卦，自然《周易》年代最远。《汉志》对于"六经"的排列，体现了古文经学家对于"六经"的认识，成为此后古文经学不易之论，《周易》也因为《汉志》而居于了"六经"之首。

三是奠定了后世目录学四部分类的基础。众所周知，中国传统目录学的基本分类方法经、史、子、集四分法，是由《隋书·经籍志》首创的。然而，经、史、子、集四分法的目录分类基础则是由删取《七略》而成的

《汉志》的六分法所奠定的。从《汉志》的六分法到《隋志》的四分法，中间经过了一个发展变化过程。根据《隋志》的记载，西晋秘书监荀勖在曹魏秘书郎郑默所作《中经》的基础上编纂《中经新簿》，最早采用四部图书分类法，它们分别是："一曰甲部，纪六艺及小学等书；二曰乙部，有古诸子家、近世子家、兵书、兵家、术数；三曰丙部，有史记、旧事、皇览簿、杂事；四曰丁部，有诗赋、图赞、《汲冢书》。"[1] 荀勖的四分法对于《汉志》六分法图书分类体系是一个重要突破，而且将《汉志》中没有形成部类的史籍图书单列为丙部，成为一大部类。到了东晋时期，著作郎李充又用荀勖《中经新簿》校对当时所藏图书，撰成《晋元帝四部书目》，将荀勖《中经新簿》中的乙、丙两部类位置加以对调，形成甲部为五经、乙部为史记、丙部为诸子、丁部为诗赋的四分法，一方面史籍图书从此成为四部分类中的第二大部类，另一方面虽仍以甲、乙、丙、丁分四部，但经、史、子、集秩序已经被确定下来了。到了唐代编写《隋书·经籍志》，便正式改甲、乙、丙、

---

[1] 《隋书》卷三十二，《经籍一》，中华书局1973年版。

丁四部名称为经、史、子、集，目录学上的经、史、子、集四分法由此最终确定。

通观《隋志》经、史、子、集四部分类，每部之下又分小类，其中经部有十类：《易》《书》《诗》《礼》《乐》《春秋》《论语》、谶纬、小学；史部有十三类：正史、古史、杂史、霸史、起居注、旧事、职官、仪注、刑法、杂传、地理、谱学、簿录；子部有十四类：儒家、道家、法家、名家、墨家、纵横家、杂家、农家、小说家、兵法、天文、历数、五行、医方；集部三类：楚辞、别集、总集。此外还附录道、佛经典，其中道经四类：经戒、饵服、房中、符录；佛经十一类：大乘经、小乘经、杂经、杂疑经、大乘律、小乘律、杂律、大乘论、小乘论、杂论记。[1] 比较《隋志》四分法与《汉志》六分法，除去图书分类不同之外，最大的一个区别是关于史籍的归属问题，在《汉志》中，史籍没有形成为一个部类，而是附属于《六艺略》之《春秋》类下；而在《隋志》中，史籍图书则独立成为第二大部类。《汉志》"史附于经"现象出现的原因主要有二：一是秦火

---

[1] 参见《隋书》卷三十二至三十五《经籍志》，中华书局1973年版。

对先秦史籍的毁灭，致使汉代史籍稀少而形不成部类。二是经史关系密切，特别是《春秋经》具有亦经亦史特点，汉代史学也有浓厚的崇经意识。随着汉代以降史学的发展，到了魏晋南北朝时期，史学已经成为显学，史籍的数量也大大丰富，这在西晋荀勖的目录学著作《中经新簿》中最初得到了体现，史籍已经作为丙部并立于四部图书分类之中。

从《汉志》到《隋志》，虽然图书分类发生了重大变化，但却无法忽视《汉志》对于《隋志》目录分类的重要影响。《隋志》四分法实际上是从《汉志》六分法脱胎而来的，《汉志》六分法是《隋志》四分法的基础。从图书分类基本结构来看，《隋志》的经、史、子、集四部主要来源于《汉志》的"六艺""诸子"和"诗赋"，其中的史部则来源于"六艺略"之《春秋》类；《汉志》其他三略"兵书""数术"和"方技"，其基本内容则归入《隋志》的子部。具体来讲，《隋志》的经部，基本上是完全沿袭了《汉志》的"六艺略"，"六艺略"共有《易》《书》《诗》《礼》《乐》《春秋》《论语》《孝经》、小学九类，《隋志》只是增加了谶纬而成十类，再就是将《孝经》置于《论语》之前，作出了一点次序上的调整;《隋志》的子部基本来自《汉志》的"诸子略"。《诸子略》有儒、道、阴阳、法、名、墨、纵横、杂、农、小说十家,《隋志》共有十四类,其中前九类完全来自"诸子略",只是去除了阴阳家,后五类兵、天文、历数、五行、医方则来自《汉志》的"兵书""数术"和"方技"三"略";《隋志》的集部则来自《汉志》的"诗赋略",《隋志》作者对此有明确表述:"班固有《诗赋略》,凡五种,今引而伸之,合为三种,谓之集部。"[1] 由此可见,《隋志》的集部完全是对《汉志·诗赋略》的扩展。《汉志》不但在"六艺略"前作有全文总序,而且每大类、每小类后也都分别作有大序、小序,以明撰述旨趣与学术发展等。这样的做法,也完全被《隋志》所继承。至于《隋志》中四部之后另有道、佛经典著录,这与汉末以来特别是魏晋南北朝佛、道的发展与兴盛,佛、道典籍不断增多的历史现象紧密相关,而诞生于东汉初年的《汉志》还不具有这样一种学术与图书发展的背景。

四是开创了正史编纂艺文志的先河。作为纪传体

---

[1]《隋书》卷三十五,《经籍四》,中华书局1973年版。

史书的书志体例，记述的是典章制度。司马迁《史记》中的"书"，共有礼、乐、律、历、天官、封禅、河渠、平准等八篇，没有开设专门记述学术史一门的典制。班固《汉书》将《史记》八书扩大为律历、礼乐、刑法、食货、郊祀、天文、五行、地理、沟洫、艺文等十志，典章制度的记述内容大大扩大了，其中就包括对于艺文志的创立。所谓"艺文志"，即是将历代或当代有关图书典籍汇编成目录。《汉志》以《七略》"六分法"目录分类方式，通过"删其要，以备篇籍"，记载了自先秦到西汉学术发展的状况，分类记录了当时存世的典籍，是中国现存最早的图书分类目录。艺文志的编纂，对研究汉代及其以前图书文献，考订学术源流，都有重要的参考价值。同时《汉志》又是中国历代正史中第一个艺文志，开启了正史编纂艺文志或经籍志的先河。自《汉志》编纂以后，书籍目录由此成为正史的一个重要组成部分。受《汉志》的影响，历代正史开始仿效《汉志》的体例，重视编纂艺文志或经籍志，以反映历代学术与图书发展情况。在"二十四史"中，除了《汉书》有艺文志之外，还有五部正史编纂了艺文志或经籍志，它们分别是《隋书·经籍志》《旧唐书·经籍志》《新唐书·艺文志》《宋史·艺文志》《明史·艺文志》，列于"二十五史"之中的《清史稿》，也编纂有《艺文志》。历代正史的艺文志或经籍志的编纂，不但反映了当时的学术与图书发展情况，而且连接起来，它们便是对中国古代学术与图书发展脉络的整体展现，具有重要的学术史与目录学价值。

二、刘歆的五德终始说与班固的历史思想

战国后期的邹衍最早创立以五德相胜之序解说王朝更替的五德终始说，这一学说对秦与西汉政治有普遍的影响。西汉末年的刘歆一改相胜为相生，从此以后，人们以"五德"言王朝更替皆主相生之说。

纵观刘歆与邹衍五德终始说之相生相胜异趣，主要表现在三个方面：首先，论说王朝更替的原理不同。邹衍的五德终始说是一种相胜说，认为历史王朝的更替是循着"土木金火水"五行相胜之序进行的，以得土德的黄帝作为历史的开端；刘歆的五德终始说则是一种相生说，认为历史王朝的更替是依循"木火土金水"五行相生之序进行的，并依据《易传》"帝出乎

第三章　刘歆的古文经学与班固史学

《震》"的说法，而认为《震》是东方之卦，东方于五行属木，因此，最古的帝王当属木德，而这个最古的帝王便是伏羲，所谓"包牺氏始受木德"。[1]

其次，构建的帝王系统不同。邹衍的五德相胜说解说历史，只涉及土德黄帝、木德大禹、金德商汤和火德文王四朝[2]，秦汉时人以秦得水德、汉得土德相接续，新的一轮循环才刚好开始；刘歆的五德相生说论述的历史要比邹衍的更长，罗列的王朝也更多。纵观刘歆这套以五德相生排列的帝王系统，主要包括木德太昊伏羲氏、火德炎帝神农氏、土德黄帝轩辕氏、金德少昊金天氏、水德颛顼高阳氏、木德帝喾高辛氏、火德帝尧陶唐氏、土德帝舜有虞氏、金德伯禹夏后氏、水德成汤，木德周武王、火德刘汉，古史五德循环已经到了第三轮。[3] 在整个从伏羲至汉朝的德属排列中，只有黄帝为土德是两种五德终始说所公认的，其他都不相同。

再次，宣扬的历史观不同。一是对于"圣王同祖"

---

[1]《汉书》卷二十五下，《郊祀志》，中华书局1962年版。

[2] 吕不韦：《吕氏春秋·应同》，中华书局1954年版。

[3]《汉书》卷二十一下，《律历志》，中华书局1962年版。

的认识。邹衍的五德相胜说只是以黄帝为历史开端，从留存的材料来看，大禹、商汤、文王跟黄帝之间并不存在亲缘关系，因而这一学说并不具有"圣王同祖"的思想。刘歆的五德相生说则蕴含了一种"圣王同祖"的思想。刘歆说："炮牺继天而王，为百王先"，炎、黄诸帝为继之而起的帝王，"稽之于《易》，炮牺、神农、黄帝相继之世可知"[1]。伏羲为百王先、百王祖。二是对于正统观念的宣扬。邹衍的五德相胜说，通过构建起黄帝—大禹—商汤—周文王这样一个帝王系统，已经隐含了一种正统意识。刘歆的五德相生说所构建的帝王系统，不但通过治统的确立以定立他们的合法性，而且将古帝王共工、帝挚和秦皇朝排除在历史统绪之外，开启了以"五德"言正闰的先河。

刘歆的五德终始说对于《汉书》论述帝王系统、宣扬"汉为尧后"说和确立历史正统观等，都产生了重要影响。

首先，《汉书》对刘歆五德终始说的载录。刘歆五德终始说的基本内容见于所著《三统历谱》，然而原作

---

[1]《汉书》卷二十一下，《律历志》，中华书局1962年版。

第三章 刘歆的古文经学与班固史学

早已不存,《汉书·律历志》详细记载了此文。《律历志》说:"至孝成世,刘向总六历,列是非,作《五纪论》。向子歆究其微眇,作《三统历》及《谱》以说《春秋》,推法密要,故述焉。"刘向所作《五纪论》今已不传,我们无法知晓其具体思想。但是对于刘歆作《三统历》及《谱》,颜师古注曰:"自此以下,皆班氏所述刘歆之说也。"这就明确告诉人们,以下所述《三统历谱》的内容乃为刘歆的学说。而正是这部《三统历谱》中的《世经篇》,详细叙述了刘歆的五德相生说。《世经》篇所叙五德终始说的基本内容:其一,依据五行相生原理,构建了木德伏羲、火德炎帝、土德黄帝、金德少昊、水德颛顼、木德帝喾、火德唐尧、土德虞舜、金德大禹、水德成汤、木德武王、火德高祖之帝王系统,这个系统以伏羲为"百王先""百王祖"。其二,指明了建立帝王系统的文献依据。其中伏羲、炎帝、黄帝三世依据于《易》,"《易》曰:'炮牺氏之王天下也'","《易》曰:'炮牺氏没,神农氏作'","《易》曰:'神农氏没,黄帝氏作'";少昊依据《五帝德》,"《考德》曰少昊曰清";颛顼和帝喾的事迹依据《春秋外传》;唐尧、虞舜、大禹的事迹依据《帝系》;成汤、武王的事迹依据《尚书》；高祖刘邦的事迹见于《史记·本纪》。实际上，《汉书》的《律历志》整篇文字，都是在刘歆所作《钟律书》的基础上删削而成的。《律历志上》说："至元始中王莽秉政，欲耀名誉，征天下通知钟律者百余人，使羲和刘歆等典领条奏，言之最详。故删其伪辞，取正义，著于篇。"

《汉书·郊祀志》记载了西汉文帝、汉武帝时期的德属纷争，以及后期刘向、刘歆父子创立五德相生说的情况。《郊祀志赞》曰：

> 汉兴之初，庶事草创，唯一叔孙生略定朝廷之仪。若乃正朔、服色、郊望之事，数世犹未章焉。至于孝文，始以夏郊，而张仓据水德，公孙臣、贾谊更以为土德，卒不能明。孝武之世，文章为盛，太初改制，而兒宽、司马迁等犹从臣、谊之言，服色数度，遂顺黄德。彼以五德之传从所不胜，秦在水德，故谓汉据土而克之。刘向父子以为帝出于《震》，故包牺氏始受木德，其后以母传子，终而复始，自神农、黄帝下历唐虞三代而汉得火焉。故高祖始起，神母夜号，著赤帝之符，旗章

遂赤，自得天统矣。

这段话告诉我们，西汉议定德属问题发生在汉文帝时期，由于当时出现土德与水德之争，汉朝的德属一时并没有确定下来。到了汉武帝时期修《太初历》，最终确立了汉朝土德制度。西汉后期，刘向、刘歆父子创立五德相生说，以木德伏羲作为历史的开端，以汉朝火德上继周朝木德。伏羲"始受木德""以母传子""汉得火德"，这是该学说的思想主旨。只是将五德相生说归为刘向、刘歆父子共同创立的学说，并不完全符合客观事实。刘向作为西汉后期正统观念浓厚的思想家，并没有提出服务于王莽代汉的五德相生说的思想基础，只是提出过一些与五德相生相关的见解而已。[1]

《汉书·高帝纪》文尾的赞语，构建了一个从尧到刘邦的刘汉世袭，其目的只有一个，就是宣扬"汉为尧后"说，这也是刘歆五德相生说的主旨思想之一。

---

[1] 参见汪高鑫：《中国史学思想通史·秦汉卷》，黄山书社2002年版，第311—314页。

《春秋》晋史蔡墨有言，陶唐氏既衰，其后有刘累，学扰龙，事孔甲，范氏其后也。而大夫范宣子亦曰："祖自虞以上为陶唐氏，在夏为御龙氏，在商为豕韦氏，在周为唐杜氏，晋主夏盟为范氏。"范氏为晋士师，鲁文公世奔秦。后归于晋，其处者为刘氏。刘向云，战国时刘氏自秦获于魏。秦灭魏，迁大梁，都于丰，故周市说雍齿曰："丰，故梁徙也。"是以颂高祖云："汉帝本系，出自唐帝。降及于周，在秦作刘。涉魏而东，遂为丰公。"丰公，盖太上皇父。其迁日浅，坟墓在丰鲜焉。及高祖即位，置祠祀官，则有秦、晋、梁、荆之巫，世祠天地，缀之以祀，岂不信哉！由是推之，汉承尧运，德祚已盛，断蛇著符，旗帜上赤，协于火德，自然之应，得天统矣。

赞语通过构建从唐尧到刘邦的刘氏世袭，旨在论证刘邦作为圣王尧的后代，"断蛇著符，旗帜上赤"，秉火德建朝，是"得天统"。由此论证了刘汉政权的合法性。

其次，《汉书》接受了刘歆五德终始说构建的帝王系统。班固有感于《尧典》颂尧之德，而作《典引》篇以叙汉德。《典引》开篇粗略地勾勒出了一个自伏羲氏至刘汉的天命王权体系的大致轮廓：

> 太极之原，两仪始分，烟烟煴煴，有沈而奥，有浮而清。沈浮交错，庶类混成。肇命人主，五德初始，同于草昧，玄混之中。逾绳越契，寂寥而亡诏者，《系》不得而缀也。厥有氏号，绍天阐绎者，莫不开元于大昊皇初之首，上哉夐乎，其书犹可得而修也。亚斯之世，通变神化，函光而未曜。
>
> 若夫上稽乾则，降承龙翼，而炳诸《典》《谟》，以冠德卓踪者，莫崇乎陶唐。陶唐舍胤而禅有虞，虞亦命夏后，稷契熙载，越成汤武。股肱既周，天乃归功元首，将授汉刘。[1]

这段话首先依据《周易·系辞》和《易乾凿度》来论述世界的起源问题，《系辞上》说："《易》有两极，

---

[1]《后汉书》卷四十下《班彪列传》，中华书局1965年版。

是生两仪",《系辞下》也说"天地絪缊,万物化醇"。而《易乾凿度》则说:"清轻者为天,浊沈者为地。"接着班固论述历史发展的法则,则完全依照刘歆的五德终始说。他按照刘歆的说法,也以《易传》"帝出乎《震》"为依据,而以得木德而王天下的伏羲氏为人文始祖,故说王者"莫不开元于大昊皇初之首"。从得木德的伏羲开始,帝王之位依据相生之序而依次下传于得火德的炎帝神农氏、得土德的黄帝轩辕氏,他们被合称为"三皇"。班固认为,亚斯之世的少昊、颛顼、高辛诸帝虽然"通变神化",却由于《系辞》不载其事,致使他们的功业"函光而未曜";而陶唐氏由于炳诸《典》《谟》之故,遂使其德得以彰显。自陶唐之后,帝王统绪依次为虞舜、夏禹、成汤和武王,而继周之后,天命"将授汉刘"。

《汉书》断汉为史,却断而不断,断中有通,其中的"志"和"表"即是贯通古今的。在《汉书》贯通古今的论述中,所论历史王朝,便是以刘歆的五德终始说所建构的帝王系统为依据的。前述《律历志》详载了刘歆《三统历谱·世经》所论自伏羲至高祖的帝王系统,《郊祀志赞》也有所谓"包牺氏始受木德,其后以母传子，终而复始，自神农、黄帝下历唐虞三代而汉得火焉"之语。除此之外，《汉书》的《百官公卿表》《古今人表》等，都有关于古今帝王系统的详细叙述。如《百官公卿表》所述的历代官制及其演变，反映的就是刘歆的帝王系统。该表开篇即说："《易》叙宓羲、神农、(黄)帝作教化民，而《传》述其官。"《汉书》的官制史即是历述伏羲、神农、黄帝、少昊、颛顼以至王莽时期历代官制及其演变情况。又如《古今人表》，讲述的是古今以帝王为中心的历史人物。从该篇所做表列可知，所谓"上上圣人"，其实就是历代帝王大系。在这个帝王系列当中，他们的顺序依次为：太昊宓羲氏、炎帝神农氏、黄帝轩辕氏、少昊金天氏、颛顼高阳氏、帝喾高辛氏、帝尧陶唐氏、帝舜有虞氏、帝禹夏后氏、帝汤殷商氏、文王周氏、武王、周公、仲尼。我们简单将此与《世经》篇帝王系统作一比较便知，除了周朝帝王列了文王、武王和周公三人，增加了文圣孔子，其他二者的帝王系统是完全一致的。此外，还有一些志、表也涉及帝王系统的论述。如《刑法志》论述历代法治时说："自黄帝有涿鹿之战以定火灾，颛顼有共工之阵以定水害。唐虞之际，至治之极，犹流共工，放欢兜，窜三苗，殛鲧，然后天下服。夏有甘扈之誓，殷、周以兵定天下矣。"这是结合黄帝以来的历史阶段来叙述刑法的形成与发展过程。《五行志上》说，"刘歆以为虙羲氏继天而王，受《河图》，则画之，八卦是也，"说的是伏羲作八卦之事，却明确了伏羲王天下是来自天，由此定立了百王之祖的地位。《地理志上》开篇叙述了黄帝"协和万国"、尧分天下十二州、大禹"更制九州"的情况。《异姓诸侯王表》开篇讲述了自虞夏至秦朝历史发展的德、力转换情况，认为舜禹禅让大禹"积德累功"数十年，才得以巩固帝位；殷周之王"修仁行义"十余世，才至汤武开始"放杀"；秦国自襄公之后历经百有余年，至秦始皇时"乃并天下"。由此可见，帝王之业只有"以德若彼，用力如此"才可以建立起来。这个论述已经涉及舜禹以下各历史阶段。这些叙述涉及的帝王虽然不全面，却也是对这一帝王系统的一种叙述。由此可见，《汉书》的帝王系统是按照刘歆的五德终始说中的帝王系统进行构建的。

再次，《汉书》接受了刘歆五德终始说宣扬的"汉为尧后"思想。如上所述，刘歆的五德相生说宣扬"汉为尧后"思想，其目的有二：一是肯定刘邦是圣王尧的后代，因此其建汉是天经地义的；二是以尧的火德来确立汉朝火德，火生土，通过效仿历史上尧舜禅让故事，以实现汉新禅让的王朝更替。班固接受了刘歆的"汉为尧后"说，然而二者学说思想旨趣却有很大的不同。作为东汉具有浓厚正统主义思想的史家，班固宣扬"汉为尧后"说自然不会为王莽代汉张本，他是要藉此对刘汉政权的合法性作出论证。众所周知，西汉皇朝的建立与秦以前各朝的建立有着很大的不同，之前的王朝建立者皆为圣王之后，即使是秦皇朝也不例外。而刘邦起于闾巷，无尺土之封，却在秦末乱世之时，手持三尺剑而得以倒秦灭项，最终建立了汉皇朝。正如班固所说："夫大汉之开原也，奋布衣以登皇极，繇数期而创万世，盖六籍所不能谈，前圣靡得而言焉。"[1] 刘邦"无土而王"，这是时人感到困惑不解的问题，却又是史家必须作出解说的问题。西汉武帝时期的司马迁作《史记》，在充分肯定刘邦建汉的人为作用的同时，接受了今文经学家的"圣人感生"说，

---

[1]《后汉书》卷四十下，《班彪列传》，中华书局1965年版。

为刘邦缔造了"赤帝子"传说，对西汉的建立作出了神意的解说；西汉末年刘歆提出"汉为尧后"说，在宣扬汉新禅让的同时，首先也是肯定刘汉政权乃圣王之后，故而刘邦建汉是天经地义的，这是一种更为系统的天命王权学说；两汉之际班彪作《王命论》，提出"汉德承尧，有灵命之符，王者兴祚，非诈力所至"[1]的观点，肯定了作为尧的后代，刘邦建汉"有灵命之符"，乃天命所归。班固在解说汉兴的原因时，一方面肯定有刘邦人为的因素，如《高祖本纪》说刘邦"宽仁爱人"，知人善任等，并借用群臣议定谥号之语说，"帝起细微，拨乱世反之正，平定天下，为汉太祖，功最高"，同时又大力宣扬"汉为尧后"说，更加重视以神意史观来解说汉皇朝的历史统绪。值得注意的是，班固大力宣扬"汉为尧后"说，除去解说刘邦建汉的需要之外，也有服务于刘汉中兴政权的需要。众所周知，班固所处的东汉，是刘汉政权失而复得的中兴政权。当初刘秀建立东汉政权之时，就利用他的太学同学强华进献的《赤伏符》，借用其中"刘秀发兵捕不道，四夷

---

[1]《后汉书》卷四十上，《班彪列传》，中华书局1965年版。

云集龙斗野，四七之际火为主"的谶语[1]，来为其皇权的合法性作出解说。从刘邦的"赤帝子"到刘秀的《赤伏符》，无非都是宣扬刘汉政权乃天命所归。班固大力宣扬"汉为尧后"说，应该还有这样一个时代背景。

纵观班固的"汉为尧后"思想，是贯穿于整个《汉书》当中的，集中表述则主要见诸《高帝纪赞》。赞文前已引述，班固在该篇中提出了一个具体而又系统的"汉绍尧运"的刘氏家族的世系。从理论渊源而言，班固的"汉为尧后"无疑主要是承继了刘歆的学说。然而刘歆的五德终始说所论汉绍尧运，却没有如此一个详细的自尧至刘邦的刘汉世袭。再往前追溯，西汉司马迁《史记》也没有"汉为尧后"的说法。那么，《汉书·高帝纪赞》所论刘汉世袭的历史依据何在呢？据考证，《高帝纪赞》所记刘氏自尧以来的世系，主要出自《左传》文公十三年、襄公二十四年和昭公二十九年三条材料。文公十三年的记载，主要是叙述了刘氏先人士会逃亡到秦国，晋人当心秦国重用士会，便设计将他骗回。后来，留在秦国的部分家眷就改以刘为

---

[1]《后汉书》卷一上，《光武帝纪》，中华书局1965年版。

氏了。也就是说，此处记载主要是交代了刘氏的来历。襄公二十四年主要记载了士会之孙范宣子历数自己的世系情况。昭公二十九年的记载则主要是借晋史蔡墨答魏献子的话，而叙述了自刘氏先人刘累到成为范氏的过程。《高帝纪赞》实际上就是对《左传》三处记载作了一番糅合而已，只是又外加了刘向之说，补上了士会留秦一支从秦迁至魏再迁至丰的整个过程，而高祖正是出自该支。照理说，司马迁作《史记》是参考过《左传》的，如果该书有如此详细的关于刘氏世袭的记载，司马迁是不可能不知晓的，合理的解释便是司马迁所见的《左传》并无此记载。据清人考证，《左传》是一部经过刘歆整理并改头换面过的史书；而刘歆恰恰是"汉为尧后"的鼓吹者。为了使"汉为尧后"说得以成立，刘歆借助整理《左传》的机会添加进刘氏世袭的材料，是完全有可能的。值得注意的是，"汉为尧后"说仅见于《左传》和谶纬之书，并不见于先秦其他经书的记载，正如东汉古文经学家贾逵所说："《五经》家皆无以证图谶明刘氏为尧后者，而《左氏》独有明文。《五经》家皆言颛顼代黄帝，而尧不得为火德。《左氏》以为少昊代黄帝，即图谶所谓帝宣也。如令尧不得为火，则汉不得为赤。其所发明，补益实多。"[1] 贾逵说这段话的目的是为了褒奖《左传》"其所发明，补益实多"，无意间却透露出了一个重要信息，那就是除《左传》和图谶之外，其他经书皆无"汉为尧后"的记载。因此，与其说这是《左传》的发明，倒不如说这是刘歆的杜撰更符合情理。由于《汉书》为我国封建时代的正史，它对于刘汉世系与王朝统绪所作的神意解释，产生的影响自然是不同凡响的。

最后，《汉书》继承了刘歆五德终始说以"五德"言正闰的正统思想。前已述及，在刘歆五德终始说所构建的帝王系统中，我们却没有看到大一统的秦皇朝。秦皇朝之所以未能排列于历史王朝统系之内，是因为其以水德介于周（木）、汉（火）之间，未得五行相生之序，只能属于闰朝。其实在刘歆之前，关于秦皇朝的历史统绪问题就已经出现了纷争。据前述《汉书·郊祀志赞》载，汉文帝时期出现了汉朝的水德与土德之争，"张仓据水德，公孙臣、贾谊更以为土德"。张仓的汉为水德说，其实就蕴含了摒秦的思想。在张仓等

---

[1] 《后汉书》卷三十六，《贾逵列传》，中华书局1965年版。

人看来,汉朝之所以为水德,是因为秦过于短祚,构不成一个朝代,不能许之以水德,而由汉朝水德上接周之火德。这是刘歆之前最早否定秦朝历史统绪的历史记录。当然,汉武帝修《太初历》"遂顺黄帝",最终确立了汉朝土德制度,所谓"彼以五德之传从所不胜,秦在水德,故谓汉据土而克之"。这等于还是承认了秦朝的水德和历史统绪。汉武帝时期的今文经学家董仲舒,一方面宣扬"三统"说,以《春秋》为汉制法,以汉接周,否定秦朝的历史统绪;另一方面又以"五德"论历史运次,肯定历史古今之变是一个"夏无道而殷伐之,殷无道而周伐之,周无道而秦伐之,秦无道而汉伐之"[1]的相克相胜过程,认可了秦朝的历史统绪。史家司马迁一方面接受董仲舒"三统"说,以忠、敬、文解说夏、商、周政治特点,认为"秦政不改"周道,汉兴乃其"承敝易变,使民不倦"的结果[2],等于否定了秦朝的历史统绪。另一方面,据上述《汉书·郊祀志赞》的记载,司马迁以"五德"说解读历史时,又成

---

[1] 董仲舒:《春秋繁露》卷七,《尧舜不擅移汤武不专杀》,苏舆义证本,中华书局1992年版。
[2] 《汉书》卷八,《高祖本纪》,中华书局1962年版。

了汉朝土德说的代表者；而且司马迁参与修订的《太初历》之"行夏之时"，显然在历法上又体现了"摒秦"之义。由此来看，董仲舒和司马迁对于秦朝历史统绪的看法是存在着矛盾的，他们都以"三统"说否定之，又以"五德"说肯定之。真正彻底在德运上对秦朝历史统绪加以否定的，则是刘歆所宣扬的五行相生之五德终始说。

《汉书》继承了刘歆以"五德"言正统的思想，在历史统绪上对秦朝予以否认。在上述《典引》篇所勾勒出的帝王系统中，班固就明确认为"股肱既周，天乃归功元首，将授汉刘"，肯定了周授汉这样一个历史统绪。在《高帝纪赞》和《郊祀志赞》中，班固都明确指出了汉朝属于火德。《高帝纪赞》说："汉承尧运，德祚已盛，断蛇著符，旗帜上赤，协于火德"；《郊祀志赞》也说："自神农、黄帝下历唐虞三代而汉得火焉。"依据五德相生之原理，周朝木德，汉朝越过了秦朝而得火德，自然是否定了秦朝的历史统绪。班固所作的《古今人表》，所论历史人物其实只有古没有今，汉代人物没有表列其中。在这份列表中，班固将历史人物分成上上、上中、上下、中上、中中、中下、下上、下中、下下九等。如前文所言，位列上上等之人，除去周公、孔子之外，都是历代圣王、建国之君。然而，同为建国之君的秦始皇，却在这份名单中被列为中下等。按照班固的说法，"可与为善，可与为恶，是谓中人"，比如，"齐桓公，管仲相之则霸，竖貂辅之则乱"。问题是，作为王朝的建立者，列表中只有秦朝建立者秦始皇是被列入中下之等的，其他建国者皆为上上等，秦始皇的等次甚至连秦朝的大臣吕不韦、淳于越（皆为中中等）都不如。很显然，这样来确定秦始皇的等次，其实就是否定他所建秦朝的历史地位和王朝统绪，这与《典引》篇的周授汉思想、《高帝纪赞》和《郊祀志赞》的汉为火德说是相一致的。

《汉书》的断汉为史，也隐含有对秦皇朝历史统绪的否定。从表面上讲，《汉书》的断汉为史是对之前汉史记述的不满，通过断汉为史，以期更好地实现宣汉的目的。班固说：

固以为唐虞三代，《诗》《书》所及，世有典籍，故虽尧舜之盛，必有典谟之篇，然后扬名于后世，冠德于百王，故曰："巍巍乎其有成功，焕乎其有

第三章 刘歆的古文经学与班固史学

文章也!"汉绍尧运,以建帝业,至于六世,史臣乃追述功德,私作本纪,编于百王之末,厕于秦、项之列。太初以后,阙而不录,故探纂前记,缀辑所闻,以述《汉书》……[1]

在这段话中,班固认为,要想使帝王之业"扬名于后世,冠德于百王",就必须依靠历史记载。刘汉显赫的帝王之业,需要史学家们记下皇朝的丰功伟绩,以此确定起其历史地位。然而司马迁《史记》叙汉史,将其"编于百王之末,厕于秦、项之列",加上太初以后的历史记载阙如,这便是他断汉为史的原因所在。毫无疑问,班固叙汉史的主要目的是为了宣汉,是要歌颂汉皇朝的丰功伟绩,凸显汉皇朝的历史地位。不过在他论述汉朝之所以能建立起帝王之业的原因时,给出的理由是"汉绍尧运",圣王之后所建立的盛世皇朝,岂有不歌颂的道理!"汉绍尧运"四字本身,就已经蕴含了作为尧的后代,汉朝是上继周朝而建立起的盛世皇朝。正因此,他对司马迁通史撰述将刘邦置

---

[1] 《汉书》卷一百下,《叙传》,中华书局1962年版。

于百王之末和秦、项之厕的做法，是根本无法接受的。可以这样说，《汉书》的断汉为史，是出于政治上"宣汉"和史学上确立正统主义的需要。他从这样一种正统观念出发，从历史编纂上对司马迁的通史做法提出批评，认为《史记》将刘汉"编于百王之末，厕于秦、项之列"的做法是贬低了汉皇朝的历史地位，与史家叙史将当代君主"扬名于后世，冠德于百王"的作史旨趣完全相背离；而从德属的角度来讲，"厕于秦、项之列"也违背了汉以火德上继周之木德的五德运次。班固断汉为史作《汉书》，由此开启了断代纪传体历史撰述的先河，《汉书》也以其浓厚的正统观念而成为中国正统史学的代表。《汉书》作为正史开启的以"五德"言正闰的做法，对历代史学的正统观念都产生了重要影响，从此以后，五德相生说成为历代正史解说皇朝更替、论证政权合法性的理论依据。

第四章 今文经学与史学的近代化
——以康有为、崔适、梁启超和夏曾佑为考察中心

在史学近代化[1]的过程中,今文经学给予了这种转向以极大的影响。一方面,今文经学斥古文经为伪经,提出孔子作"六经"说,以及由经及史的经学研究方式,不但直接促成了传统经学的动摇,而且破除了尊古、泥古的传统学术风气,启发了史学的疑古辨伪与史料审查;另一方面,今文经学宣扬公羊三世朴素进化思想,并与这一时期传入的西方进化论的结

---

[1] 史学近代化,亦即是指近代新史学,其基本特点是:在历史观上,以西方进化论为指导思想;在史书体裁上,普遍采用章节体;在叙述内容上,反对君史、提倡民史,重视对政治、经济、典制、学术、宗教等内容的贯通。

合，成为近代新史学的指导思想。在史学的近代化过程中，今文经学家康有为的经学研究，对于史学的近代化起到了思想启蒙作用；而今文经学家兼史学家崔适、梁启超和夏曾佑的经史之学研究，则反映了史学近代化的过程。相比较而言，崔氏的今文经学家特色更浓，而梁、夏的史学成就更大，是近代新史学的重要开创者。

一、康有为的今文经学研究：史学近代化的思想启蒙

康有为在维新变法期间，撰写了两部被誉为时代狂飙的重要著作——《新学伪经考》和《孔子改制考》，"二考"珠联璧合，前者主在清算古文经学，由此促使了人们对于"卫道"经书的怀疑和经学的动摇；后者旨在宣扬孔子托古改制，否定先秦古史的真实性，由此促成了人们关于古史的审查。同一时期，康有为还依据传统公羊学的"三世"说和《礼记·礼运》中"大同""小康"说的朴素进化观，以及所接触的西方资产

阶级进化论的观点，开始对中国历史作了具有进化思想的解说，由此开启了一种新的史学观念。

1891年刊行的《新学伪经考》，其主要内容是认为古文经学乃为西汉刘歆所编造，旨在服务于王莽篡汉的需要，因而是王莽新朝之学，故曰"新学"；既然古文经学不是孔子所作的真经，自然也就是"伪经"。《新学伪经考》的价值当然不在学术考辨，若以此论定，它其实是最能反映康氏主观武断的学风特点的，正如梁启超所说：

> 《伪经考》之著，二人者多所参与，亦时时病其师之武断，然卒莫能夺也。……乃至谓《史记》《楚辞》经刘歆羼入者数十条，出土之钟鼎彝器，皆刘歆私铸埋藏以欺后世。此实为事理之万不可通者，而有为必力持之。实则其主张之要点，并不必借重于此等枝词强辩而始成立，而有为以好博好异之故，往往不惜抹杀证据或曲解证据，以犯科学家之大忌，此其所短也。[1]

---

[1] 梁启超：《清代学术概论》，东方出版社1996年版，第70页。

《新学伪经考》的真正价值，是要推翻古文经学系统，打击那些尊崇古经、抱残守缺、顽固不化的汉学家、宋学家们，促使人们对于经典的怀疑，由此动摇封建统治赖以维护的思想基础，进而震荡整个封建制度。而从史学价值来讲，则是开启了近代学者重新审查古籍、认识古籍，破除尊古、泥古的新的史学风气。从某种意义上说，《新学伪经考》也是五四以后古史辨派掀起疑古之风的思想先驱者。

1897年刊行的《孔子改制考》，则是从思想方面直接给予史学近代转向的第一部著作。周予同说：

> 康有为是经学家而非史学家；《孔子改制考》是在打通《春秋》《公羊传》《王制》《礼运》《论语》以及其他各经各子，以为倡言变法改制的张本。康氏著作的目的在于假借经学以谈政治；但康氏著作的结果，却给予史学以转变的动力，破坏儒教的王统与道统，夷孔子与先秦诸子并列，使史学继文字学之后逐渐脱离经学的羁绊而独立。[1]

---

[1] 朱维铮编：《周予同经学史论著选集》，上海人民出版社1996年版，第523页。

第四章 今文经学与史学的近代化

在周氏看来,康有为著《孔子改制考》的目的是借经学来谈政治改制问题,结果却成了近代史学转变的动力。

《孔子改制考》这部今文学著作之所以能成为史学近代化转向的动力,源自它对中国古代历史的解说。康有为认为,孔子以前那些所谓的家喻户晓的中国上古历史,其实都是孔子为了救世改制而假托出来的宣传作品,都是茫昧无稽的;而被后代经学家、史学家深信不疑的先秦典籍《尚书》中的许多篇章,如《尧典》《皋陶谟》《益稷》《禹贡》《洪范》等,其实也都是孔子所作。只有秦汉以后的中国历史,才是可信的信史。康氏说:"六经以前,无复书记,夏殷无征,周籍已去,共和以前,不可年识,秦汉以后,乃得详记。"[1]那么,先秦的历史又是怎样被编造出来的呢?康氏说,这是周秦诸子百家为了创立自己的教义,企图将他们各自设计出的理想化的社会制度假托为古代曾经试行过的政治制度,旨在取得人们的信仰,从而有了那些虚构的历史。像墨子假托夏禹、老子假托黄帝、韩非

---

[1] 康有为:《孔子改制考》,中华书局1958年版,第1页。

附会古圣等等[1]，皆是如此。由于祖述尧舜、宪章文武的孔子所创的儒教，其教义更为完善、政教礼法更为系统、信奉的后学众多，才最终在汉武帝时获得了"独尊"的地位，孔子也因此成为"万世教主"。[2]康有为还进一步指出，孔子身处乱世，他是出于改制以救世的需要而托古的，因为人们总是喜欢"荣古而虐今，贱近而贵远"，要想提出自己的改制主张，"非托之古，无以说人"[3]；而孔子所托之古，也就是所谓的尧舜盛世，其实是孔子的一种理想或虚构，并非历史的真实。也就是说，孔子是出于救世而改制、出于改制而托古、出于托古而制作"六经"和编造古史。于是乎，孔子这位长期以来一直被儒家后学奉为"述而不作""信而好古"的古代文献保存者，却成了"六经"的制作者，先秦古史的缔造者，托古改制的"万世教主"。

对于《孔子改制考》之于史学近代化的思想启蒙作用，梁启超明确指出："《伪经考》既以诸经中一大部分为刘歆所伪托，《改制考》复以真经之全部分为孔

---

[1] 康有为：《孔子改制考》，中华书局1958年版，第67—82页。

[2] 康有为：《孔子改制考》，中华书局1958年版，第165页。

[3] 康有为：《孔子改制考》，中华书局1958年版，第48页。

第四章　今文经学与史学的近代化

子托古之作,则数千年来共认为神圣不可侵犯之经典,根本发生疑问,引起学者怀疑批评的态度。""虽极力推挹孔子,然既谓孔子之创学派与诸子之创学派,同一动机,同一目的,同一手段,则已夷孔子于诸子之列。所谓'别黑白定一尊'之观念,全然解放,到任意比较的研究。"[1]周予同则就《孔子改制考》之于近代新史学的产生的影响作如是说:

> 这一部书,与其说是研究孔子,兼及诸家;不如说是假借孔学,表现自身。然而这一部书却给予中国史学的转变以极有力的影响;我们甚至于可以说,如果没有康氏的《孔子改制考》,绝不会有现在的新史学派,或者新史学的转变的路线绝不会如此。[2]

在戊戌变法前后,康有为还依据公羊学所谓据乱、升平、太平之"三世"说和《礼记·礼运》中的"大

---

[1] 梁启超:《清代学术概论》,东方出版社1996年版,第72页。
[2] 朱维铮编:《周予同经学史论著选集》,上海人民出版社1996年版,第519页。

同""小康"说的朴素进化观,以及开始接受的一些西方资产阶级进化论的观点,对中国历史乃至人类社会的历史进行了新的解说,从而构建起了自己关于社会历史进程的模式。

1897年刊印的《春秋董氏学》,就已经开始对公羊"三世"与《礼运》"小康""大同"作了糅合。康氏说:

> 三世为孔子非常大义,托之《春秋》以明之。所传闻世为据乱,所闻世托升平,所见世托太平。乱世者,文教未明也;升平者,渐有文教,小康也;太平者,大同之世,远近大小若一,文教全备也。[1]

这就清楚地表明,康有为是以《公羊传》的"所传闻世"为"乱世";以《公羊传》的"所闻世"为"升平世",亦即《礼记》的"小康"之世;以《公羊传》的"所见世"为"太平世",亦即《礼记》的"大同"之世。汤志钧认为,这样糅合,"是康有为前所刊布的书籍中

---

[1] 康有为:《春秋董氏学》卷二,《春秋例》第二《三世》,中华书局1990年版。

所没有的"[1]。而在稍后的《礼运注》(1897年撰成)中，康有为则结合中国历史，对其构建的"三世"蓝图作了这样的描述：

> 吾中国二千年来，凡汉、唐、宋、明，不别其治乱兴衰，总总皆小康之世也。凡中国二千年儒先所言，自荀卿、刘歆、朱子之说，所言不别其真伪精粗美恶，总总皆小康之道也。……今者，中国已小康矣，而不求进化，泥守旧方，是失孔子之道而大悖其道也，甚非所以安天下、乐群生也；甚非所以崇孔子、同大地也。

在此，康有为是以中国两千年封建社会为"小康"之世，而认为当今应该实现君主立宪的资本主义制度，社会才能逐渐进化而至"大同"之世。

从以上二书可知，在《春秋董氏学》中，康有为已经将传统公羊学的据乱—升平—太平"三世"说，发展成为据乱—小康—大同"三世"说，体现了一种

---

[1] 汤志钧:《近代经学与政治》，中华书局2000年版，第170页。

历史进化、发展的观点；而在《礼运注》中，康有为又进一步以"小康"（升平世）和"大同"（太平世）来作为中国的"古"与"今"、封建君主专制与资产阶级君主立宪之区隔，认为当今应该实行资产阶级的君主立宪制度，表达了维新派的一种政治理想。《礼运注》所反映的"三世"说，代表了康氏戊戌变法前的"三世"主张。

1902年左右，康有为又撰成了《大同书》，这是康氏今文学又一部颇有影响的力作。该书既汲取了古代儒家的社会理想，又融入了西方资产阶级天赋人权与平等理念，以及空想社会主义等思想内容，在此基础上构建了一个人人平等、民主、自由、幸福的理想社会——大同世界。与先前的《礼运注》所反映的"三世"说相比，《大同书》中体现的"三世"说又有了一些新的变化。《礼运注》的"三世"说只是以"小康"与"大同"说明社会历史从君主专制到君主立宪的过程，而《大同书》则在此基础上进一步对未来社会历史——民主共和作了展望和描述。然而它们的共同之处，则是都汲取了西方资产阶级的进化论和民主思想。从《春秋董氏学》到《礼运注》再到《大同书》，我们可以非常清晰地看到康有为历史进化观的形成和发展轨迹。

康有为宣扬资产阶级进化论的政治目的,在戊戌变法以前主要是为维新变法张本的,希望通过维新变法以实现由封建君主专制到资产阶级君主立宪的过渡;在戊戌变法失败以后,随着资产阶级革命时代的到来,康有为虽然进一步提出了未来民主共和的大同理想社会构想,却固守着这种循着一定轨道而不能超度的进化之理,结果成了时代的落伍者。而康有为宣扬的进化史观的历史学意义,则无疑是对以往中国传统历史观的颠覆。如所周知,传统主流历史观,由于受到经学特别是古文经学的影响,是普遍认为世愈古而治愈盛,肯定五帝、三王时代的政治,主张法先王。康有为则大张旗鼓地宣传历史进化论,肯定历史是沿着据乱—升平—太平,也就是君主专制—君主立宪—民主共和的轨迹向前发展的。正如周予同所说的:"康氏的进化论不仅在中国史学界引起一大波澜,对于民族的复兴也无异于一针强心剂。"[1]

---

[1] 朱维铮编:《周予同经学史论著选集》,上海人民出版社1996年版,第526—527页。

二、崔适由经入史：今文经学近代转向的开始

崔适今文学之于史学近代化的影响，主要表现在进一步扩大所谓古文伪经的范围，以及采取由经及史的研究方法，由此不但进一步促使经书权威的动摇和疑古风气的兴盛，而且也明显表现出了由经学而史学的转向。

崔适早年曾拜著名古文经学家俞樾为师，是一位古文经学基础深厚的学者。后来因受到康有为《新学伪经考》的影响，而改治今文经学，成为一个严守今文壁垒的"清末今文学派最后的经学家"[1]。崔适一生著述很多，而其今文学的代表作则是《史记探源》和《春秋复始》[2]二书。前书成于1910年，是以今文学的观点来探讨《史记》的本质问题；后书成于1914年，是一部纯粹的经学著作，它依据今文经的观点来探讨《春秋穀梁传》的本质问题。这两部书确定了崔适在近代

---

[1] 朱维铮编：《周予同经学史论著选集》，上海人民出版社1996年版，第528页。

[2] 二书版本分别为北京大学1922年版、北京大学1918年铅字排印版。

第四章　今文经学与史学的近代化

今文经学和在近代史学转向过程中的地位,"崔氏所以能取得清代今文学最后的经师的地位以此,崔氏所以与转变期的史学有关也以此"[1]。

《史记探源》探讨《史记》,是结合《汉书》来进行的。如所周知,《史记》和《汉书》都是纪传体史书,前者是纪传体通史,后者是断代史;二书在关于西汉开国到汉武帝时期的历史记载是重叠的,《汉书》多照抄《史记》内容。以往人们涉及对《史记》和《汉书》的评价都是从史学角度立论,《史记探源》则一反前人的做法,从经学角度来探讨。在《史记探源》一书中,崔适明确指出,《史记》属于经今文学著作,《汉书》属于经古文学著作。并且断然认为,《史记》中大凡与今文学的说法不一致,却与古文说及《汉书》相吻合的,便一定是经过刘歆窜乱过的。那么刘歆为何要窜乱《史记》呢?崔适认为,刘歆既然已经"颠倒五经",就必然会波及《史记》,旨在为其已经颠倒了的经书树立佐证。该书《窜乱》篇对刘歆之所以要窜乱诸经及《史记》作如是说:

---

[1] 朱维铮编:《周予同经学史论著选集》,上海人民出版社1996年版,第528页。

刘歆之续《史记》，非不足于太史公也，亦即颠倒五经，不得不波及龙门以为佐证，而售其为新室典文章之绝技也。其所以颠倒五经者，刘向在成帝世，刺取春秋灾异，作《洪范五行传》，端绪虽纷，要以讥切世卿比例王氏为宗旨。歆主翊戴新室，务与向说相反，于是夺孔子之《春秋》，而归之鲁史，自造《书序》百篇而托之孔子。……如是则孔子之宗旨顿谕，而刘向之传说皆谬矣。又须多造古文经传，广树证据，而辞繁旨博，非歆一人之力所能胜任也，乃"征天下有通《逸礼》、《古书》、《毛诗》、《周官》、《尔雅》、天文、图谶、钟律、月令、兵法、《史篇》文字者皆诣公交车……至者前后千数，皆令记说廷中，将令正乖谬、一异说云。……"于是群经皆受其窜乱，而《史记》为五经门户，则亦不得不窜乱矣。

按照崔适的说法，刘歆是为了王莽代汉的需要而伪造经传的，而出于伪造经传的需要则又不得不窜乱《史记》以广树证据。并且明确指出当时这种伪造经传而广树证据的做法绝非刘歆一人所为，而是一个大的文化工程，涉及的有"千数人"，他们都是帮助刘歆一同造伪的人，是刘歆手下的打手。

从学术思想渊源来讲，《史记探源》的说法明显是受到康有为《新学伪经考》的启发。康氏《新学伪经考》中有一篇题为《史记经说足证伪经考》，就已经说过《史记》"多为刘歆所篡改，而大体明粹。以其说与《汉书》相较，真伪具见"之类的话，崔适《史记探源》中采用的许多论据，也都是沿袭了康氏《新学伪经考》的陈说，或者在此基础上加以补充。甚至崔适治学的武断特性，也颇有康氏之风。

《春秋复始》的主要论点是定《穀梁传》为古文学，也是出自刘歆的伪造。崔适说："歆造《左氏传》，以篡《春秋》之统，又造《穀梁传》为《左氏》驱除，故兼论《三传》则申《左》，并论《公》《穀》则右《穀》。"[1] 那么刘歆又是怎么造出《穀梁传》的呢？崔适认为，《左传》《国语》都是"周末之异闻，非春秋之信史"，"刘歆得之，以为事实既不相同，义理更可立异，而复杂取传记，附以臆说，伪造《左》《穀》二传，藉以破坏

---

[1] 崔适：《春秋复始》卷一，《谷梁氏亦古文学》，北京大学1918年铅字排印版。

《春秋》"[1]。如所周知，传统观点一直认为《左传》《公羊传》和《穀梁传》为《春秋》"三传"，《左传》为古文学，《公》《穀》为今文学。《春秋复始》不但认为古文经是伪说，而且认为《穀梁传》也是古文学，乃刘歆伪造，于是乎，《春秋》"三传"就剩下《公羊传》是真经、《春秋》正传了，甚至提出《公羊传》应当正名为《春秋传》。很显然，《春秋复始》是希望通过对《春秋》"三传"进行正本清源，以此确立今文《公羊传》传《春秋》的正宗地位。

崔适《史记探源》与《春秋复始》二书的写作，其实是反映了近代经学的动摇和向史学转变的开始。首先从治学方法来讲，"今文经学在经部范围之内，无论分经的或综合的研究，都已没有发展的余地，于是转而治史，首及于《史记》，把《史记》和《汉书》的今古文问题也提出来了。看来似乎是扩大了经学的领域，由经及史，实际上却正反映了不能只从经书中考证经书，'皓首穷经'，是不易找出出路了"[2]。其次从学术

---

[1] 崔适：《春秋复始》卷一，《以春秋为春秋》，北京大学1918年铅字排印版。
[2] 汤志钧：《近代经学与政治》，中华书局2000年版，第363—364页。

怀疑角度而言，今文学不但斥古文经为伪书，甚至连一向被认为是今文经的《榖梁传》也被说成是古文经，成了造伪之作，于是乎，被认为是经书的范围缩小了，诸经的疑问被加深了，经书的权威进一步遭到动摇，这种疑经思想自然会进一步影响到近代史学疑古思潮的兴起。

三、梁启超的《新史学》：近代新史学理论体系的初步构建

梁启超是受今文经学影响，而真正促使近代史学脱离经学的羁绊转向"新史学"的代表人物。所著《新史学》，初步构建起了近代新史学的理论体系。

梁启超早年在广州万木草堂师从康有为，开始接触到康有为的公羊学和维新思想，并且是康有为宣传维新变法的重要代表作《新学伪经考》与《孔子改制考》的协助编撰者。后来积极投身于维新宣传活动和戊戌变法政治实践当中，时人将其与康有为并称为"康梁"。与康有为始终只是一个经师不同，梁启超却

最终由康有为的经学弟子而转变成为新史学的开山人物。然而从思想渊源来讲，梁氏这种转变，是与他受康有为今文学的影响而系统接受今文学思想密不可分的。他的新史学史观是建立在进化论的基础之上，而这种进化论思想最初便是导源于今文公羊三世朴素的进化观，进而经过接受西方进化论思想之后，而最终成为一种比较系统的进化论学说的。

1901年，梁启超在《清议报》上发表了《中国史叙论》一文，别开生面地把整个中国历史划分为"上世史""中世史"和"近世史"三大阶段，亦即"中国之中国""亚洲之中国"和"世界之中国"，"封建""帝制"和"立宪"之相互对应的三大阶段。梁启超已经意识到中国地缘环境的逐次变迁、民族内部的长期混合，及其与政体依次嬗变之间的相互关系，由此而呈现出历史演变的阶段性特征。

1902年，梁启超写成《新史学》，这是一篇号召史界革命的檄文，也是要求以进化史观为指导建立近代新史学体系的宣言书。

首先，该书对过往两千年中国之旧史学的各种积弊作了清算。《新史学》通过总结旧史学的弊病，提出了旧史学有"四弊""二病"。这"四弊",其一是"知有朝廷而不知有国家",一部二十四史,只不过是"二十四姓之家谱而已",是相斫书、墓志铭、蜡人院的偶像;其二是"知有个人而不知有群体",不知道叙述群体"相交涉相竞争相团结之道",以及"所以休养生息同体进化之状";其三是"知有陈述而不知有今务",不重视当代史的撰述;其四是"知有事实而不知有理想",不懂得"史同于人,亦有精神"的道理。这"二病",则是指"能铺叙而不能别裁""能因袭而不能创作"。[1]

其次,该书大力宣扬进化论,以进化史观作为近代新史学的指导思想。梁启超认为,历史学的本质就是考察历史进化之理,他说:"进化者,往而不返者也,进化无极者也。凡学问之属于此类者,谓之历史学。"[2]这就明确指出了历史学的研究必须以进化论作为指导思想。梁启超对于旧学术多持批判态度,却对公羊三世说赞赏有加,肯定它的进化意义。他说:"三世者,进化之象也。所谓据乱、升平、太平,与世俱进是也。

---

[1] 梁启超:《饮冰室合集》文集之九,《新史学》,中华书局1989年版。
[2] 梁启超:《饮冰室合集》文集之九,《新史学》,中华书局1989年版。

三世则历史之情状也。……三世之义,既治者则不能复乱;借曰有小乱,则必非与前此之乱等也。"[1]在《新史学》一文中,梁启超通过对新史学研究对象的论述,系统阐明了他的关于历史进化论的基本观点:其一,"叙述进化之现象"。梁启超认为,世界万物的变化现象不外乎有两种,一是"循环之状",一是"进化之状",研究循环现象的属于天然学,亦即自然科学;研究进化现象的属于历史学,亦即历史科学。其二,"叙述人群进化之现象"。梁启超认为,"进化云者,一群人之进也,非一人之进也"。历史学所关注的,"惟人群之事";如果事情并不关乎人群,哪怕是"奇言异行","必不足以入历史之范围"。其三,"叙述人群进化之现象而求得其公理公例者也"。梁启超认为,历史研究的目的,是要寻求一种理性的认识,这就将历史认识上升到了哲学层面。梁氏一方面将历史哲学与"良史"问题结合起来,他说:"是故善为史者,必研究人群进化之现象,而求其公理公例之所在,于是有所谓历史哲学者出焉。历史(撰述)与历史哲学虽殊

---

[1] 梁启超:《饮冰室合集》文集之九,《新史学》,中华书局1989年版。

第四章　今文经学与史学的近代化

科，要之，苟无哲学之理想者，必不能为良史，有断然矣。"另一方面，梁氏还将历史哲学与史学功能问题结合起来。他明确指出，历史研究之所以要"求得其公理公例"，一是要说明历史变化的成因与影响，"以过去之进化，导未来之进化""使后人循其理、率其例，以增幸福于无疆"；二是如果历史叙述只是叙事而不能明理，就如同一个人"有魄无魂"，了无生气。[1]

毫无疑问，在《新史学》一文中，梁氏批判旧史学的激烈言辞多有偏颇失当之处，具体论断也过于武断，明显带有一种感情色彩，而且断然将"新史学"与"旧史学"截然对立起来，这种割裂古今的做法也并非一种科学的方法（梁氏后来对此也有察觉，并且作了修正和补充）。梁启超以进化史观作为新史学指导思想，然而在将优胜劣败的生物进化原理直接运用到人类历史发展的解释当中时，并没有区别自然与人类社会的公理公例的不同，没有触及人的物质生产活动同人类进化之间的关系，这说明其运用进化论尚有生吞活剥之嫌。然而，梁启超通过发表《新史学》，高

---

[1] 以上均参梁启超《饮冰室合集》文集之九，《新史学》，中华书局1989年版。

举史界革命、新史学的大旗,大力宣扬进化史观,猛烈抨击封建史学,从历史理论、历史编纂、史学性质和史学功用等多方面勾画出新史学的总体面貌与特征,对于近代中国史学的转型,起到了开山辟路的作用。学者认为《新史学》的发表,"标志了中国古典史学的终结,标志中国史学开始走上近代化的历程"[1]。

四、夏曾佑的《中国历史教科书》：今文经学与进化论的糅合

夏曾佑的《中国历史教科书》,是受今文学影响、以进化论为指导思想而撰述成的近代中国"第一部有名的新式通史"。[2]

夏曾佑好谈今文学,最初可能是受到同乡前辈龚自珍、邵懿辰的影响。在戊戌变法前后,他不但在思想上受到康有为今文学的影响,而且还结识了康氏弟子、今文家梁启超,遂成为终身挚友。梁启超追忆当

---

[1] 刘新成主编：《历史学百年》,北京出版社1999年版,第8页。
[2] 齐思和：《近百年来中国史学的发展》,《燕京社会科学》1949年10月第2卷。

第四章 今文经学与史学的近代化

时情景时说:"启超屡游京师,渐交当世士大夫,而其讲学最契之友,曰夏曾佑、谭嗣同。"[1] 在这一时期,夏曾佑还开始接受西学,而他的至交严复的西学,对他经由今文学的朴素进化论进而服膺西方资产阶级进化论,有着重要影响作用。严复曾经翻译了《天演论》《群学肄言》《原富》《社会通诠》和《法意》等一批西方学术名著,夏曾佑不但通读了这些著作,而且还时常与严复相互切磋[2],并为其中一些著作写了书序或按语。由此可以说,正是严复,使得夏曾佑有了接触和了解西学、进而接受西方进化论的机会。

夏曾佑所著《中国历史教科书》,全称《最新中学中国历史教科书》,后改名为《中国古代史》。该书原计划写作五册,实际完成三册,至隋代为止。第一册初版于光绪三十年(1904),第二、三册初版于光绪三十二年(1906)。《中国历史教科书》是夏曾佑留下的唯一一部著作,而正是这部著作,确定了其由今文学走向史学,并且作为近代中国新史学重要开创者的

---

[1] 梁启超:《清代学术概论》,东方出版社 1996 年版,第 76 页。
[2] 参见夏循垍所撰《夏穗卿传略》,《史学年报》第 3 卷第 2 期(1940 年)。

历史地位。

从《中国历史教科书》的内容来看，夏曾佑明显采用了今文学的观点。对此夏曾佑自己说得很清楚："本编亦尊今文学者，惟其命意与国朝诸经师稍异，凡经义之变迁，皆以历史因果之理解之。"[1]这就是说，他尊崇今文学，采纳今文学的观点，但又有所变化。从《中国历史教科书》的具体论述上，我们也能很清楚地看到夏曾佑受今文经学观点的影响。如在该书第一编第一章"传疑时代"关于尧、舜的叙述，其说法与康有为《孔子改制考》如出一辙，他说："儒家言政治者，必法尧、舜。……九流百家托始不同，墨子言禹，道家言黄帝，许行言神农，各有其所宗。即六艺之文，并孔子所述作，而托始亦异。"又如第一编第二章"化成时代"关于周秦之际学派的论述，夏曾佑从今文学角度对《汉书·艺文志》经史混乱的书籍分类提出批评，他说："著录百家之书，始于《汉书·艺文志》，后人皆遵用其说。然《艺文志》实与古人不同。……因（刘）向（刘）歆之大蔽，在以经为史。古人以六艺

---

[1] 夏曾佑:《中国历史教科书》第二册，光绪三十二年（1906）版，第158页。

为教书，故其排列之次，自浅至深，而为《诗》《书》《礼》《乐》《易》象、《春秋》。向、歆以六艺为史记，故其排列之次，自古及今，而为《易》《书》《诗》《礼》《乐》《春秋》。……既已视之为史，自以为九流之所共矣，然又何以自解于附《论语》《孝经》于其后乎？其不通如此。"很显然，这样的评述完全是戴上今文学眼镜来看的。

《中国历史教科书》之最突出的特点，当然是采用进化史观来解说中国的历史。纵观《中国历史教科书》一书进化史观的具体表现，主要有如下数端：其一，以世运之说，将中国历史的进化过程分为三个大时期，肯定近代中国处于"更化之期"。该书以自草昧以至周末为上古之世，自秦至唐为中古之世，自宋至今为近古之世。每一个大时期，又分为若干阶段，上古之世分为两个阶段，由世界之初至西周为传疑时期，春秋战国为化成之期，中国的文化是在这个时期造成的；中古之世有三个阶段，自由秦至三国为极盛之期，自魏晋至隋为中衰期，唐室一代为复盛时期；近古之世分为两个阶段，五季宋元明为退化之期，清朝261年历史为更化之期，所谓"更化"，是指历史出现转机，

"将转入他局"。其二,在具体历史评述上,体现了进化的思想。如关于伏羲、神农时代的历史,认为伏羲时代历史已经离开渔猎社会而进入游牧社会,婚姻关系上已经由乱婚进入"嫁娶"时代;神农时代的历史已经由游牧社会进入耕稼社会,也就是农业时代。夏曾佑明确指出,中国上古历史的这种进化,乃"万国各族所必历",所不同的只是"为时有迟速"。又如,在第一章之"古今世变之大概"一节中关于清朝261年更化期历史的评述,夏曾佑认为它的前半段历史,是学问、政治集秦以来之大成;而后半段历史,则无论世局还是人心,皆开秦以来所未有,"此盖处秦人成局之已穷,而将转入他局"。其三,明确以西方进化论之核心观点——优胜劣败来解说历史与社会的发展。夏曾佑说:"循夫优胜劣败之理,服从强权,遂为世界之公例。威力所及,举世风靡,弱肉强食,视为公义,于是具有仁智勇者出,发明一种反抗强权之学说,以扶弱而抑强,此宗教之所兴,而人之所以异于禽兽也。"[1]在此,夏曾佑以为宗教可以反抗强权,其

---

[1] 夏曾佑:《中国历史教科书》第二册,光绪三十二年(1906)版,第217页。

第四章　今文经学与史学的近代化

认识显然是不正确的,但他强调优胜劣败、弱肉强食乃世界之公理,希望发明一种学说以抵抗帝国主义的强权,其拯救危局之用心是好的。

此外,《中国历史教科书》在历史编纂上,已经明显具有近代新史学的特征。首先从史书体裁而言。该书采用章节体裁,全书由篇、章、节组成;每册正文之前皆有《序》《凡例》或者按语;所作的注文,旨在交代引用材料的来源。其次从通史撰述来讲。与中国传统史学"通史"含义不同,传统"通史"是与"断代史"相对应的"贯通古今"的历史撰述,而夏曾佑的《中国历史教科书》则是接受了西方史学的影响,其"通史"是相对于"专史"而言的,是对政治、经济、学术、宗教等内容的贯通。如关于宗教方面,该书具体叙述了孔子以前的原始宗教、秦汉的方士、汉代道教的产生与佛教的输入情况;又如学术及其与宗教的关系,该书对老、孔、墨三家之"道",周、秦之际的学派,西汉今文学与方士的关系,东汉古文学与方术的分离等问题,都设立了专题来进行讨论。这样一种新型的通史撰述,一般认为是经由西方传入日本,再由日本传入中国的。周予同对于夏曾佑《中国历史教科书》

所受到的学术思想影响作了这样的总结:"夏氏《中国古代史》(即改名前的《中国历史教科书》)一书,在内容或本质方面是中国经今文学与西洋进化论思想的糅合……在形式或体裁方面,实受日本东洋史编著者的影响。"[1] 这一说法是很有见地的。

---

[1] 朱维铮编:《周予同经学史论著选集》,上海人民出版社1996年版,第534—535页。

第五章 古文经学与史学的近代化
——以章太炎、刘师培为考察中心

在晚清今文经学转向近代新史学的过程中,古文经学也实现了同步改造,即改造古文经学为史学,代表人物便是章太炎和刘师培。章太炎的经学研究最初经历了一个从今古畛域不明到专宗古文的过程,而后则是改造古文经学为史学,在推动晚清古文经学向史学转向过程中发挥了重要作用。与章太炎齐名、被人们并称为"二叔"[1]的刘师培,则既是近代著名的古文经学家,也是资产阶级新史学的代表人物,可比拟为古文经学阵营中的夏曾佑。所撰《中国历史教科书》,

---

[1] 章太炎字枚叔,刘师培字申叔,两人同为近代中国国学大师、古文经学家。

为新史学的构建做出了突出的贡献。

一、章太炎改造古文经学为史学

章太炎早年治经的特点是"杂采"今、古文的,究其原因,既有学术师承的因素,也与时代政治有密切的关系。从师承来讲,主要是受其师俞樾的影响。俞樾的学术是自顾炎武、戴震、王念孙、王引之等一脉相承的,为晚清一代朴学大师。他为学虽然尊崇古文经,强调古文经学的治学方法,然而却又是一位思想开通的学者,并不一味地排斥今文经学。章太炎后来回忆其师说:"然治《春秋》,颇右公羊氏,盖得之翔凤云。为学无常师,左右采获,深忌守家法、违实录者。"[1] 章太炎1890年就到杭州诂经精舍跟随俞樾等经师学习,对俞樾的学术深为钦佩。前后8年的诂经精舍受学,奠定了章太炎扎实的古文经学基础,却也使早年章太炎对于今文经不但没有一种严厉的区隔,反而多有采获。戊戌变法前后,此时的政坛上叱咤风

---

[1] 章太炎:《太炎文录初编》卷二,《俞先生传》,上海书店1990年版。

第五章 古文经学与史学的近代化

云的人物当属今文学家康有为、梁启超，章太炎的经学路数虽然与他们不同，而在政治上也是变法的积极拥护者和参与者，政治立场与康、梁是一致的，这就使得他与康、梁之间的学术难以做出明显区隔。

不过，章太炎自己却说他是"二十四岁，始分别古今文师说"[1]。这年是1891年，亦即今文学家康有为《新学伪经考》出版之年。可能是看到《新学伪经考》之后，章太炎开始视今文经学为"诡诞""恣肆"了。"始分别古今文师说"一语又载于《年谱》光绪二十二年（1896），在此语之后，章太炎说："谭先生好称阳湖庄氏，余侍坐，但问文章，初不及经义。与穗卿交，穗卿时张公羊、齐诗之说，余以为诡诞。专慕刘子骏，刻印自言私淑。"这里所谓谭先生即谭献，穗卿为夏曾佑，都是力主今文学的。在同年的《年谱》中，章太炎又回忆说："初，南海康祖诒长素著《新学伪经考》，言今世所谓汉学，皆亡新王莽之遗；古文经传，悉是伪造。其说本刘逢禄、宋翔凤诸家，然尤恣肆。"

然而，章太炎以1891年为自己经学学术旨趣的

---

[1] 章太炎:《太炎先生自定年谱》,《近代史资料》1957年第1期,第116页。

分水岭，并不完全与事实相符合。首先，从章太炎早年经学思想来看。1893年以前写成的被收于《诂经精舍课艺》的7篇读书札记，虽然是古文经的治学路数，却并未对今文加以排斥，对宋学有可取之处也加以采用，甚至有调和古今的倾向。[1]而对于同样属于在诂经精舍期间撰述的《膏兰室札记》和《春秋左传读》二书，也有学者认为其中《膏兰室札记》之《孝经本夏法说》篇和《春秋左传读》一书有好几处地方，都明显表现出了章氏是赞成康有为等今文家所大力宣扬的"孔子改制"说的；甚至这反映出章氏在政治上追随康、梁是以其学术见解为依据的。[2]其次，从章太炎戊戌变法前后的政治活动和经学思想来看。在戊戌变法前后，章太炎是倾心并追随今文家康有为的变革活动的。章太炎最初走出书斋投身于维新政治活动，便是1897年因今文家康有为弟子、时任《时务报》主笔的梁启超之邀请，而告别其师俞樾，离开了潜心学习8年的

---

[1] 参见汤志钧：《近代经学与政治》，中华书局2000年版，第250—251页。
[2] 参见张勇：《戊戌时期章太炎与康有为经学思想的歧异》，《历史研究》1994年第3期。

第五章 古文经学与史学的近代化

诂经精舍(俞樾因此不悦),而到杭州任职于《时务报》的。章氏随后在该报以及《经世报》《实学报》《译书公会报》上发表文章,积极宣传维新思想。这一举动本身已经说明,此时的章太炎似乎难以让人将他与视康有为今文学为"恣肆"联系在一起。而从这一时期章氏的经学思想来看,多少与今文学是有沾染的。如在《时务报》上发表的《论学会大有益于黄人亟宜保护》一文,就用了"大一统""通三统"等《春秋》公羊家言,以及喜言灾异的《齐诗》(章氏"以革政挽革命"说,即是本于"齐诗"五际之说)等今文经说。[1]1900年刊行的《訄书》初刻本,其中《公言》篇用"通三统"的观念来弥合今古文[2];《客帝》篇"不但也谈'素王',还引《中候》(即《尚书纬》——引者注)和《春秋繁露》"[3]。此外如《尊荀》篇之"黑绿不足代苍黄",出自《孝经纬援神契》;《订实知》篇称"孔子吹律而知姓",出自《孝经纬钩命诀》。说明直到此时,章氏不但没有

---

[1] 参见汤志钧:《近代经学与政治》,中华书局2000年版,第261页。

[2] 刘巍:《从援今文义说古文经到铸古文经学为史学——对章太炎早期经学思想发展轨迹的探讨》,《近代史研究》2004年第3期。

[3] 汤志钧:《章太炎在台湾》,《社会科学战线》1982年第4期。

完全与今文学决裂，而且还用今文学来宣传他的"革政"思想。[1]

当然，章太炎1891年后并没有完全与今文学作别，甚至还援用今文学，但这并不否定章太炎的古文经学思想立场。事实上，在戊戌变法前后，章太炎与康有为还是"论学殊"而"革政"同的，"章太炎在诂经精舍肄业期间，崇奉左氏，驳难庄、刘，右《左传》，辟《公羊》，他和治今文的康有为是'论学殊'的"。"章太炎虽在自己的论著中一度援用今文经说，也只是为了变法的需要，而未放弃他古文学派的根本立场。"[2] 如前所述章氏所著《膏兰室札记》，自名其室为"膏兰"，是因东汉今文大师何休有"左氏膏肓"之见，而有感于晚清今文经对古文经的冲击，取此名以表示要与之相抗争的态度；撰述《春秋左传读》，主要是针对清代常州学派代表人物刘逢禄而发，以期釜底抽薪；而《訄书》初刻本对康有为今文学也有排斥，"此最彰著者可

---

[1] 参见张勇:《戊戌时期章太炎与康有为经学思想的歧异》，《历史研究》1994年第3期。

[2] 汤志钧:《近代经学与政治》，中华书局2000年版，第260、263页。

第五章　古文经学与史学的近代化

于《独圣》见之"[1]。

学界一般认为，义和团运动以后，章太炎的政治立场开始由"革政"转到"革命"，而1900年7月与国会的"割辫与绝"，则"是章太炎投身革命的开始，是他和'革政'决绝的表白"[2]。随着政治观念的转变，章太炎的经学思想也发生转变，开始由古今畛域难分到专宗古文，对今文经学进行了毫无顾忌的批评。此后的章太炎与康有为、梁启超之间的交锋，便是古文学与今文学、革命与改良之间的交锋了。

如前所述，康有为、梁启超宣传他们的"三世""三统"等今文经学思想，往往都是从历史的角度作出说明的，20世纪伊始，今文学就开始向新史学转向了；而古文家本来就是以孔子为"史家宗主"，章太炎自然也非常重视从历史观方面对今文学作出批判。

1901年梁启超发表《中国史叙论》，次年又发表《新史学》，它标志着近代中国资产阶级以进化史观为指导的新史学的建立。然而，梁氏新史学的进化史

---

[1] 参见刘巍：《从援今文义说古文经到铸古文经学为史学——对章太炎早期经学思想发展轨迹的探讨》，《近代史研究》2004年第3期。

[2] 汤志钧：《近代经学与政治》，中华书局2000年版，第281页。

观，依然是一种循序渐进的进化史观，旨在为其实行国民立宪政体的政治主张服务的。而这一时期的章太炎，不但已经成为一位专宗古文的资产阶级革命者，而且也已经阅读了大量的西学著作，对于西方的进化论、甚至一些西方和日本的社会主义学说都有了一定的了解，并且作了最初的尝试。如早在《膏兰室札记》中，章太炎就依据西方19世纪天文学的天体运动理论，对中国传统天道观念作了批判。1899年上半年旅台期间，更是依据西方近代胚胎学、生物学和进化论原理，对于生命、物种和人类起源与发展问题进行了专门的探讨。其中《菌说》[1]一文便是专讲进化论的，详细论述了物种进化的自然历程。[2] 针对康有为等今文学所宣扬的历史观，章太炎于1901年撰写了一篇专门探讨治史方法的文章《征信论》，强调治史必须重视研究"制度变迁，推其沿革；学术异化，求其本师；风俗殊尚，寻其作始"，而不能用一种"成型"去改消历史，不能用社会学一般性结论去取代对历史因果关

---

[1] 《清议报全编》卷五，横滨新民社辑印本。
[2] 参见姜义华：《章太炎评传》，百花洲文艺出版社1995年版，第44—45页。

第五章 古文经学与史学的近代化

系的分析,也不能强行去比附历史。[1]学者认为,《征信论》所表达的治史观点,"是对中国封建官方史学的否定,也是对康有为主观主义治史方法和庸俗致用观的批评"[2]。1902年,章太炎又针对梁启超的新史学构想及其政治用意,专门致书与其讨论历史写作的宗旨以及《中国通史》写作问题。书信所反映的主旨思想,是强调通史撰述的意义:"一方以发明社会政治进化衰微之原理为主,则于典制见之;一方以鼓舞民气、启导方来为主,则亦必以纪传见之。"同时还表达了自己准备写一部百卷通史的愿望,并且具体开列了一个通史目录,包括五表、十二志、十记、八考纪、二十七别录。[3]这个目录与后来的《訄书》修订本所附《中国通史目录》大致相同,后者应该是据此改定的。如果从历史编纂形式而言,应该说章太炎恪守传统典制纪传史体,当然没有梁启超、夏曾佑等人新史学章节体新颖和进步;如果从历史观来讲,二者都重视汲取了

---

[1] 章太炎:《太炎文录初编》卷一,《征信论上》,上海书店1990年版。
[2] 姜义华:《章太炎评传》,百花洲文艺出版社1995年版,第81页。
[3] 章太炎:《致梁启超书》,载汤志钧《章太炎政论选集》上册,中华书局1977年版。

西方资产阶级进化史观;如果从政治思想来讲,梁启超新史学主张的是一种渐变,是以进化到国民立宪政体为"今务"的,而章太炎则主张革命、剧变,重视"启导方来"。

1904年,章太炎的《訄书》重订本[1]刊行。学者认为,与初刻本相比,《訄书》修订本不但反映了章太炎政治观念上由"改良"到"革命"的思想进程[2],而且"也反映了章氏经学观念上的激变,他将古文经学改造为史学的基本倾向大体奠定,与康有为分道扬镳的独立的新古文经学的基本观念也作了初步的规划"[3]。这些说法都是很有见地的。我们认为,从近代经史之学的嬗变角度来讲,章氏《訄书》修订本的刊行,可以被看作是近代中国古文经学向史学转化或者说是铸造古文经学为史学的重要标志。

第一,《訄书》修订本重视引述西方各种社会学理论作为自己经学思想与史学思想的立论依据。该修订

---

[1] 见章太炎:《章太炎全集》(三),上海人民出版社1984年版。

[2] 汤志钧:《从〈訄书〉的修订看章太炎的思想演变》,《文物》1975年第11期。

[3] 刘巍:《从援今文义说古文经到铸古文经学为史学——对章太炎早期经学思想发展轨迹的探讨》,《近代史研究》2004年第3期。

第五章 古文经学与史学的近代化

本引述的西方和日本学者的著作非常多,对于西方社会学有了更深的了解。章太炎早年曾接触过斯宾塞社会学,而斯宾塞是社会有机论和社会进化论的倡导者,他的学说经过日本社会学的奠基者有贺长雄的宣传,在日本很有影响。章太炎通过对斯宾塞、有贺长雄等人社会学著作的研读,逐渐开始对他们的机械进化论倾向表示不满。而此时章氏又接触到美国社会学奠基人吉丁斯的社会学理论,赞成其宣扬的社会是通过"类群意识"而凝结和永存下去的说法,认为其说要优于斯宾塞。[1] 不过章太炎最推崇的还是日本学者岸本能武太的社会学理论,认为岸本1900年出版的《社会学》,"实兼取斯、葛(章氏将吉丁斯译为葛通哥斯——引者注)二家。其说以社会拟有机,而曰非一切如有机。知人类乐群,亦言有非社会性,相与偕动,卒其祈向,以庶事进化、人得分职为侯度,可谓发挥通情,知微知章者也。"[2] 并将此书译成中文出版。章太炎在日本

---

[1] 章太炎:《社会学自序》,载岸本能武太著、章炳麟译《社会学》卷首,光绪二十八年(1902)出版。

[2] 章太炎:《社会学自序》,载岸本能武太著、章炳麟译《社会学》卷首,光绪二十八年(1902)出版。

期间，还广泛接触了西方和日本的社会主义学说，这促使了章氏对西方资本主义的重新认识，从而认识到西方社会所存在的"贫富悬绝"问题，启发他对未来中国社会构建的思考。[1]

第二，该修订本通过对孔子、儒家、"六经"及其相互关系的梳理，从而铸古文经为史学。第一，针对今文学所谓"六经皆孔子所作"，而提出"六经非儒家所独擅"的观点。晚清今文学是极端尊孔的，康有为视孔子为儒家的创始人，认为"六经"乃孔子为托古改制而作。对此，章太炎明确表示不同的看法。早在1899年发表的辩诘廖平今文学的《今古文辨义》一文中，章氏就提出了"孔子自有独至，不专在六经；六经自有高于前圣制作，而不得谓其中无前圣之成书"[2]。而在《訄书》修订本中，《清儒》篇则明确提出"六经""达于九流，非儒家擅之也"的观点；作为中国学术史论首篇的《订孔》篇更是具体阐述了孔子与"六经"的关系：

---

[1] 参见姜义华：《章太炎评传》，百花洲文艺出版社1995年版，第76页。
[2] 汤志钧：《章太炎政论选集》上册，《今古文辨义》，中华书局1977年版。

第五章 古文经学与史学的近代化

> 六艺者,道、墨所周闻。故墨子称《诗》《书》《春秋》,多太史中秘书。女商事魏君也,衡说之以《诗》《书》《礼》《乐》,从说之以《金版》《六弢》(《金版》《六弢》,道家太公书也,故知女商为道家)。异时老墨诸公,不降志于删定六艺,而孔氏擅其威。遭焚散复出,则关轴自持于孔氏,诸子欲走,职矣。[1]

这段话清楚地告诉人们,道、墨诸子其实都是有闻于"六经"的,孔子只不过是删定"六经"罢了。

第三,修订本针对今文学所谓以孔统儒、经儒合一论对儒学和经学作了区隔,对孔子作了重新定位。在《清儒》篇中,章太炎认为通行本《十三经》经儒不分,应该对它们作出区别。他赞成章学诚"六经皆史"论中的说法,认为"六艺者,官书,异于口说"。像《十三经》中的"《孟子》故儒家,宜出"。而已被《七略》纳入"六艺"之一种的《孝经》和《论语》,也不能简单被

---

[1] 章太炎:《訄书》重订本《订孔》,载《章太炎全集》(三),上海人民出版社1984年版。

视为经书，其证据是"礼堂六经之策，皆长二尺四寸"。而"《孝经》谦半之。《论语》八寸策者，三分居一，又谦焉。以是知二书故不为经，以隶《论语》儒家，出《孝经》使传《礼记》通论"。在《订孔》篇中，章太炎对孔子作了重新定位，于儒学之外，以孔子与道、墨诸子等量齐观；在儒学之内，认为他比不上孟子，更比不上荀子。他说："《论语》者晻昧，《三朝记》与诸告饬、通论，多自触击也。下比孟轲，博习故事则贤，而知德少歉矣。"又认为"荀卿学过孔子"。章太炎关于孔子、儒学与经学的言论，在当时今文学看来，无疑是"离经叛道"的。然从史学的角度而言，它实际上是"表达了一种别出心裁的返本复始的历史观念，我们可以称之为经儒分判的观念"[1]。

第四，修订本提出孔子乃"良史"说，构筑起古文经学史学系统。视孔子为史家，乃古文学的一个基本立场。在《訄书》初刻本《独圣》篇中，章太炎就认为孔子"宪章其（指尧舜）业，以为六艺，使其道不至

---

[1] 刘巍：《从援今文义说古文经到铸古文经学为史学——对章太炎早期经学思想发展轨迹的探讨》，《近代史研究》2004年第3期。

第五章 古文经学与史学的近代化

于遂逸,则犹史佚至于文、武也,亦庸能驾轶之乎?"[1]将孔子作"六经"等同于史官所为。修订本《订孔》篇不但提出了孔子为"良史"说,而且还排出了古代史学的传承体系:"孔氏,故良史也。辅以丘明而次《春秋》,料比百家,若旋机玉斗矣。谈、迁嗣之,后有《七略》。孔子死,名实足以伉者,汉之刘歆。"这段话表达了这么几层意思:一是认为孔子是史家,《春秋》是史著,应该通过古文《左传》去了解《春秋》之学,这就不但对史书《春秋》的最初传承作了交代,而且确定了作为古文主要经典《左传》的地位;二是认为通过司马谈、迁父子撰述《史记》传承《左传》史学,而古文学的创始人刘歆继起撰《七略》,成为足以与孔子看齐的人物,由此确立了刘歆及其《七略》的地位。值得注意的是,史学传承当然少不了司马迁著《史记》这一环,所以章氏必须将其纳入系统之中;而对于司马迁《史记》的经学倾向,章氏在《春秋左传读》中作

---

[1] 章太炎:《訄书》初刻本《独圣》,载《章太炎全集》(三),上海人民出版社1984年版。

如是说:"史公极尊《左氏》,不治《公羊》。"[1]我们且不说章氏的说法是否正确,不过他将《史记》划入《春秋》古学系统则是显然的。由此可以一言以蔽之,章氏是站在古文学的立场上构建起自孔子以来的古代史学的传承统绪的。而这样一来,一部古文经学的历史,也就成了一部史学发展史了。

第五,修订本阐发"六经皆史",提出"夷六艺于古史"论。《訄书》修订本《清儒》篇集中讨论了"六经皆史"论题,核心主张是"夷六艺于古史"。此论的新意在于:其一是与章学诚视"六经"为"先王之政典"有区别。章学诚视"六经"为先王政典,这种先王政典当然是有德有位的人用以"纲维天下"的,自然就具有浓厚的权威主义色彩;而章太炎只是视"六经"为古代历史文献,这种历史文献的史料价值,是用以了解历史文明进化与制度因革的,"以此综贯,则可以明进化;以此裂分,则可以审因革"。其二,章太炎视"六经皆史"说为古文家说。从学术史上看,人们并没有将"六经皆史"说当作古文家独有的学说,这显然

---

[1] 章太炎:《春秋左传读》,载《章太炎全集》(二),上海人民出版社1982年版。

是章氏一家之言，正如钱玄同所说的，"或谓《六经》皆史'系古文说，这是完全错误的。刘歆诸人何尝说过什么'《六经》皆史'！为此说者，殆因章太炎师亦云'《六经》皆史'之故。其实是今文学者的龚定庵与古文学者的章太炎师皆采用此章实斋之新说而已"[1]。章太炎不但将"六经皆史"说视为古文家言，以此作为自己学说的重要思想，来对抗近代今文家宣扬的"孔子作六经以托古改制"说，而且还以持"六经皆史"说的缘故，认为"龚自珍不可纯称'今文'"。[2] 后者乃今古文门户之见，前者则为章氏"六经皆史"说的关键所在。由此可见，章氏"夷六艺于古史"论的基本内容，是要肯定"六经"的历史文献性质，它无疑是章太炎铸经学为史学的核心思想之一。

---

[1] 钱玄同：《〈左氏春秋考证〉书后》，载《钱玄同文集》第四卷，中国人民大学出版社1999年版。
[2] 支伟成：《清代朴学大师列传》书首之"章太炎先生论订书"，岳麓书社1998年版。

二、刘师培对构建新史学的贡献

刘师培,又名光汉,字申叔,号左庵,江苏仪征人。刘师培出生于仪征的经学世家,自曾祖父刘文淇开始,至刘毓崧、刘寿曾祖孙三代,均以治《左传》名闻一时,著有《左传旧注疏证》。刘师培的父亲刘贵曾,曾协助其兄刘寿曾整理该书,对古文经说也颇有研究,自撰有《左传历谱》。从小耳濡目染,以及传承祖业的愿望,促使刘师培走上了研治古文经学的道路。

刘师培持守古学、反对今学的经学观点,集中反映在《汉代古文学辨诬》和《论孔子无改制之事》中。二书的基本经学观点有:第一,对今文经学的古文伪经说进行了批判,肯定古文优、今文劣。刘师培反复论证了刘歆之前,古文经就早已与今文经并存,它们并非刘歆所伪造。而且还从版本和内容上进一步肯定古文经要优于今文经,并且具体提出了今文经劣于古文经的四种理据:一是晚出;二是荒诞;三是历经数世口传、四是说解分歧。[1]换言之，即是说古文经的内容比起今文经要真实可靠。第二，对今文经学家的孔子改制说进行了批判。刘师培坚守古文家孔子之于"六经""述而不作"的观点，认为"孔子以前久有六经，孔子之于六经也，述而不作"[2]，并非孔子为改制而作。认为所谓孔子"素王"说、创法改制说，纯粹都是今文家附会之说；相反，孔子不但不是一个改革家，而且是个守旧派，孔子自谓"吾从周"，故而"谓之改古制不可，谓之改周制尤不可"[3]。然而，刘师培的学术志向是要做一个"通儒"，而不是"小儒"，因而他的经学研究既宗古文，又兼取今文，淡泊门户之见。他曾说："仅通一经，确守家法者，小儒之学也；旁通诸经，兼取今文者，通儒之学也。"[4]在他看来，古文虽优，

---

[1] 刘师培：《汉代古文学辨诬》，载《刘申叔遗书》第四十四册，江苏古籍出版社1997年版。

[2] 刘师培：《汉代古文学辨诬》，载《刘申叔遗书》第四十四册，江苏古籍出版社1997年版。

[3] 刘师培：《论孔子无改制之事》，载《刘申叔遗书》第四十五册，江苏古籍出版社1997年版。

[4] 刘师培：《群经大义相通论》，载《刘申叔遗书》第九册，江苏古籍出版社1997年版。

也有其短；今文虽短，也有其长，应该兼收并取。[1]

刘师培的历史观，深深地打上了其经学思想的印记，他从传统经学"攘夷""民本"思想中，找寻出时代需要的民族、民主观念。

首先，刘师培作《攘书》《中国民族志》和《读左札记》等，具体阐发民族思想，旨在排满反满。《攘书》就说："攘字即攘夷之攘。"认为"自孔子言裔不谋夏，夷不乱华，而华夷之防，百世垂为定则"[2]。在他看来，无论是今文经还是古文经，"区析华戎"都是它们的共同大义，如在《春秋》"三传"中，今文《公羊传》和《穀梁传》攘夷"粹言尤多"，而古文《左传》"亦首言华戎之界"。[3] 从经学发展史来看，西汉经学重视"辨别内外"，旨在"振大汉之天声，伸攘夷之大义"。[4] 宋元之世，先是宋代理学家"以古经有攘狄之义也，于是引

---

[1] 刘师培：《经学教科书第一册序》，《政艺通报》第23号。

[2] 刘师培：《攘书》，载《刘申叔遗书》第十八册，江苏古籍出版社1997年版。

[3] 刘师培：《读左札记》，载《刘申叔遗书》第七册，江苏古籍出版社1997年版。

[4] 刘师培：《两汉学术发微论》，载《刘申叔遗书》第十五册，江苏古籍出版社1997年版。

申之,光大之,上竞于朝,下争于野",以"倡内夏外夷说",接着是元朝"汉族守其遗训者,卒成明太祖光复之勋。"[1] 针对清朝满族统治及其民族压迫政策,刘师培鼓动汉族复仇,而他复仇之说的出典,依然是儒家经说:"复仇之说,则今文、古文二家均持其义。今文《公羊》说有百十复仇之语,古文《周礼》说则以复仇之义不过五世,五世之外,施之于己则无义,施之于彼则无罪。立说虽殊,然私仇犹复,况于公仇。"由此得出结论:"故复仇以百世为限,满洲之仇不可忘;即以五世为限,满洲之仇亦不可不复。"[2]

其次,刘师培还从古经中揭示出中国古代所谓的民主思想,《中国民约精义》和《攘书》即反映了这方面的思想。刘师培认为,早期君民关系的出现和国家的产生,其中就蕴含着一种民主意识。他说:"上古初民,纷扰不可终日,宁乃相约公戴一人为长,后遂为君主之名。"他又说:"国家者,由民人团体结合力

---

[1] 刘师培:《中国民族志》,载《刘申叔遗书》第十七册,江苏古籍出版社1997年版。
[2] 刘师培:《普告汉人》,《民报》临时增刊《天讨》,科学出版社1957年版。

而成者也。君为民立，无人民则无国家，此古今之通义，而万世不易之理也。""一己之力，不足于去人人之国之害，遂以人人之力共去人人之国之害，其事半功倍，实天下之至便。是民约之成立，皆由于人民自利之谋。"[1] 这就是说，君主的产生和国家的形成，其实都是人民的约定；而这种约定，有时是有利于人民自身利益的。只是后来随着君权的加强，阻止了人民的政议与进言，民约精神遭到了破坏。在此，刘师培表达了对于民主政治的向往。刘师培又认为，古代家庭伦理也体现了一种民主意识。他说："盖伦理之生，由于人与人相接"，"与人相接，以我之所欲所恶推之于彼，彼亦以所欲所恶推之于我，各行其恕，自相让而不相争，相爱而不相害，天下所以在絜矩之道也"。[2] 在刘师培看来，所谓父为子纲、夫为妻纲的家庭伦理观念的出现，致使早先家庭伦理民主意识遭到破坏，那都是君主专制主义加强的结果。在此，刘师培已经

---

[1] 刘师培：《中国民约精义》，载《刘申叔遗书》第十六册，江苏古籍出版社1997年版。

[2] 刘师培：《攘书》，载《刘申叔遗书》第十八册，江苏古籍出版社1997年版。

第五章 古文经学与史学的近代化

意识到了家庭伦理民主意识之于国家社会伦理民主意识之间的关系，表达了希望重建一个理性和民主社会的愿望。

当然，刘师培在近代中国从古文经学转向新史学的过程中所作出的杰出贡献，莫过于《中国历史教科书》的撰述。该书撰述于1905年至1906年间，共分三册，第一册为原始社会到殷周时期的历史，第二、三册为西周时期的历史。它是20世纪初中国资产阶级新史学的代表作之一，系统反映了刘师培的新史学思想。具体思想内涵分述如下：

第一，对中国旧史学叙述内容进行批判，提出了关于历史教科书的叙述对象。刘师培认为："读中国史书有二难：上古之史多荒渺，而记事互相歧；后世之史咸浩繁，而记事多相袭。中国廿四史，既不合于教科，《通鉴》《通典》《通考》亦卷帙繁多。"又说旧史学的叙事特点是详于君臣、事迹和后代，而略于人民、典制和古代，"中国史书之叙事，详于君臣而略于人民，详于事迹而略于典制，详于后代而略于古代。"认为这样一种历史叙述，体现了重视君臣与事迹、忽视人民与典制的特点。指出他所编写的《中国历史教科书》,"用意则与旧史稍殊",叙事主要涵盖了五个方面,即:"一、历代政体之异同。二、种族分合之始末。三、制度改革之大纲。四、社会进化之阶级。五、学术进退之大势。"[1]《中国历史教科书》正是按照这样一个目标去努力实践的,该书涉及的内容包括上古到西周的田制、官制、兵制、礼制、刑法、学术、风俗、学校、文字、商业、农器、工艺、宫室、衣服、饮食等社会各方面的演化过程,正如有学者指出的,"总体上看,教科书既非单纯之政治史,亦非军事史,而近乎内容宽泛的殷周文明史。……视野之开阔,在晚清时期中国史教科书中首屈一指,理应给予高度评价。"[2]

第二,强调要以进化论作为观察和研究历史的指导思想。在20世纪初的中国,刘师培堪称汲取西学最迅速、最广泛的学者,大凡西方和日本有关社会学、政治学、哲学和法学等各种书籍,像西方达尔文的《物种由来》、赫胥黎的《天演论》、斯宾塞的《社会学原

---

[1] 刘师培:《中国历史教科书》第一册《凡例》,载《刘申叔遗书》第六十九册,江苏古籍出版社1997年版。
[2] 李洪岩、仲伟民:《刘师培史学思想综论》,《近代史研究》1994年第3期。

理》、甄克思的《社会通诠》、鲁索的《民约论》、孟德斯鸠的《法意》等，日本人岸本能武太的《社会学》、白河氏的《支那文明论说》等，都普遍加以涉猎，并在所著各种书籍中广泛加以引用。《中国历史教科书》是刘师培运用西方社会学的进化观点来研究中国历史的代表之作。在该书《凡例》中，刘师培明确指出：

> 西国史书多区分时代，而所作文明史复多分析事类。盖区分时代近于中史编年体；而分析事类则近于中国"三通"体也。今所编各课，咸以时代区先后，即偶涉制度文物于分类之中，亦隐寓分时之意，庶观者易于了然。[1]

这就是说，他要以西方社会进化的观点来揭示中国社会历史的演进与典章制度的演变。《中国历史教科书》试图以甄克思《社会通诠》关于图腾社会到宗法社会的一般描述，来具体勾勒中国上古时期历史的进化过程。该书将上古图腾社会分为三个阶段：伏羲之

---

[1] 刘师培：《中国历史教科书》第一册《凡例》，载《刘申叔遗书》第六十九册，江苏古籍出版社1997年版。

世的渔猎时代、神农之世的游牧耕稼并行时代、夏禹之世以耕稼为主的时代。并具体分析了图腾社会的社会组织结构，认为耕稼时代以前的历史是母系社会，人们"知有母不知有父，血乳相续，咸以女不以男"；到了虞夏时代，"由女统易为男统"，家族制度由此形成；伴随着家族制度的形成，自然也就出现了重视宗子的宗法制度和世袭制度，而"世袭制度之起源，亦即君主政体之起源也"，这种君主政体"萌芽于唐虞，至夏殷而渐备"[1]。此外，教科书还对所涉及的上古至西周的官制、礼制、田制、兵制、商业、学校、文字、工艺、风俗、饮食、宫室等的进化历程都作了具体论述，向人们展现了一幅上古至西周社会全面进化的图景。

第三，提出了新史学的史料观。《中国历史教科书》的编写，参考和征引的史料非常丰富，按照刘师培本人的说法，"所采取书计数百种"[2]。教科书征引的资料如此丰富，是与刘师培的新史料观所分不开的。具体

---

[1] 刘师培：《中国历史教科书》第一册，载《刘申叔遗书》第六十九册，江苏古籍出版社1997年版。
[2] 刘师培：《中国历史教科书》第一册《凡例》，载《刘申叔遗书》第六十九册，江苏古籍出版社1997年版。

而言，其新史料观主要表现在两个方面：其一是不分经史子集，皆广泛加以征引。在刘师培看来，旧史学以叙述王朝政治为中心，而新史学重视人民、社会、典制、民族的历史，这就要求新史学撰述必须重视发掘新史料，举凡经史子集，都应该被加以征引。同时，作为宗古文经的史学家，刘师培本来就肯定"六经皆史"的说法，视孔子为史学家。正因此，刘师培能够充分认识到经史子集特别是经书的史料价值和考史功能，故而教科书在叙述西周历史时，"取裁以六经为最多，又以三礼为最"[1]。刘师培甚至关注到中国古代文献之外的各种文物的史料价值，他曾专门研究过古代的石刻和镂金，自觉地将古代各种文物作为史料来加以运用。其二是重视参考和征引西人典籍。刘师培说："今日治史，不专赖中国典籍。西人作中国史者，详述太古事迹，颇足补中史之遗。今所编各课，于征引中国典籍外，复参考西籍兼及宗教社会之书，庶人

---

[1] 刘师培：《中国历史教科书》第二册《序例》，载《刘申叔遗书》第七十册，江苏古籍出版社1997年版。

群进化之理可以稍明。"[1]在《中国历史教科书》一书中，刘师培便参考并征引了大量西方社会学、政治学、哲学和法学等方面的著作，包括像甄克思的《社会通诠》、赫胥黎的《天演论》、鲁索的《民约论》、孟德斯鸠的《法意》和日人白河氏的《支那文明论说》等。这些洋人著作，直接影响了刘师培关于中国古史的史实解说与体系构建。

由上可知，在晚清今文经学向近代新史学转向的同时，古文经学家们也开始以历史学家的眼光重新审视孔子与儒家，从而打破孔子神圣权威，构筑起孔子历史之学系统，直接铸古文经学为史学。同时与今文经学一样，古文经学也普遍重视汲取西方资产阶级社会进化论，以此作为对旧史学进行批判的武器和构建其新史学的指导思想。

---

[1] 刘师培：《中国历史教科书》第一册《凡例》，载《刘申叔遗书》第六十九册，江苏古籍出版社1997年版。

参考书目

一、古代典籍

[1]《左传》,《十三经注疏》本,中华书局1980年版。

[2]《国语》,中华书局2002年版。

[3]《吕氏春秋》,诸子集成本,中华书局1954年版。

[4] 司马迁:《史记》,中华书局1959年版。

[5] 班固:《汉书》,中华书局1962年版。

[6] 范晔:《后汉书》,中华书局1965年版。

[7] 魏徵等:《隋书》,中华书局1973年版。

[8] 刘知幾:《史通》,浦起龙通释本,上海古籍出版社2009年版。

[9] 程颢、程颐:《二程集》,中华书局1981年版。

[10] 朱熹:《朱熹集》,四川教育出版社1996年版。

[11] 郑樵:《通志》,中华书局1987年影印本。

[12] 黎靖德编:《朱子语类》,岳麓书社1997年版。

[13] 王阳明:《王阳明全集》,上海古籍出版社1992年版。

[14] 王世贞:《弇州山人四部稿》,明万历刻本。

[15] 王世贞:《纲鉴会纂》,明万历刊本。

[16] 李贽:《藏书》,中华书局1959年版。

[17] 李贽:《焚书》,中华书局1960年版。

[18] 黄宗羲:《南雷文定》,四部丛刊本。

[19] 顾炎武:《日知录》,秦克诚点校本,岳麓书社1994年版。

[20] 顾炎武:《亭林文集》,中华书局1983年版。

[21] 王夫之:《读通鉴论》,中华书局1998年版。

[22] 王鸣盛:《十七史商榷》,黄曙辉点校本,上海古籍出版社2013年版。

[23] 章学诚:《章学诚遗书》,文物出版社1982年版。

[24] 章学诚:《文史通义》,叶瑛校注本,中华书局1994年版。

[25] 段玉裁:《说文解字注》,上海古籍出版社1981年版。

[26] 龚自珍:《龚自珍全集》,中华书局1959年版。

二、近现代著作

[1] 皮锡瑞:《经学历史》,中华书局 1959 年版。

[2] 皮锡瑞:《经学通论》,中华书局 1954 年版。

[3] 康有为:《孔子改制考》,中华书局 1958 年版。

[4] 康有为:《春秋董氏学》,中华书局 1990 年版。

[5] 崔适:《春秋复始》,北京大学 1918 年铅字排印版。

[6] 梁启超:《饮冰室合集》,中华书局 1989 年版。

[7] 梁启超:《中国近三百年学术史》,东方出版社 1996 年版。

[8] 梁启超:《清代学术概论》,东方出版社 1996 年版。

[9] 章太炎:《太炎文录初编》,上海书店 1990 年版。

[10] 章太炎:《章太炎全集》(二),上海人民出版社 1982 年版。

[11] 章太炎:《章太炎全集》(三),上海人民出版社 1984 年版。

[12] 夏曾佑:《中国历史教科书》,光绪三十二年(1906)版。

[13] 刘师培:《刘申叔遗书》,江苏古籍出版社 1997 年版。

[14] 钱玄同:《钱玄同文集》,中国人民大学出版社1999年版。

[15] 金毓黻:《中国史学史》,商务印书馆2003年版。

[16] 马宗霍:《中国经学史》,台湾商务印书馆1966年版。

[17] 侯外庐:《中国早期启蒙思想史》,人民出版社1956年版。

[18] 侯外庐等:《宋明理学史》,人民出版社1997年版。

[19] 白寿彝:《中国史学史教本》,北京师范大学出版社2000年版。

[20] 白寿彝:《中国史学史》第一册,上海人民出版社1986年版。

[21] 白寿彝:《中国史学史论集》,中华书局1999年版。

[22] 任继愈主编:《中国哲学发展史》(魏晋南北朝卷),人民出版社1988年版。

[23] 徐复观:《徐复观论经学史二种》,上海书店出版社2005年版。

[24] 汤志钧:《近代经学与政治》,中华书局2000

年版。

[25] 汤志钧:《章太炎政论选集》,中华书局1977年版。

[26] 刘家和:《史学经学与思想》,北京师范大学出版社2005年版。

[27] 吴雁南:《中国经学史》,福建人民出版社2001年版。

[28] 仓修良、叶建华:《章学诚评传》,南京大学出版社1996年版。

[29] 朱维铮编:《周予同经学史论著选集》,上海人民出版社1996年版。

[30] 朱维铮:《中国经学史十讲》,复旦大学出版社2002年版。

[31] 姜义华:《章太炎评传》,百花洲文艺出版社1995年版。

[32] 吴怀祺:《中国史学思想史》,安徽人民出版社1996年版。

[33] 许凌云:《经史因缘》,齐鲁书社2002年版。

[34] 王葆玹:《今古文经学新论》,中国社会科学出版社1997年版。

[35] 刘新成主编:《历史学百年》,北京出版社1999年版。

[36] 支伟成:《清代朴学大师列传》,岳麓书社1998年版。

[37] 汪高鑫:《中国经史关系史》,黄山书社2017年版。

[38] 汪高鑫:《中国史学思想通史·秦汉卷》,黄山书社2002年版。

[39] 荆门市博物馆编:《郭店楚墓竹简·六德释文注释》,文物出版社1998年版。

三、近现代论文

[1] 章太炎:《太炎先生自定年谱》,《近代史资料》1957年第1期。

[2] 刘师培:《经学教科书第一册序》,《政艺通报》第23号。

[3] 夏循垍:《夏穗卿传略》,《史学年报》1940年第3卷第2期。

[4] 齐思和:《近百年来中国史学的发展》,《燕京社会科学》,1949年10月第2卷

［5］ 汤志钧:《从〈訄书〉的修订看章太炎的思想演变》,《文物》1975年第11期。

［6］ 汤志钧:《章太炎在台湾》,《社会科学战线》1982年第4期。

［7］ 刘家和:《经学和史学》,《北京师范大学学报》,1985年第3期。

［8］ 喻博文:《两则史料辨证》,《学术月刊》1981年第5期。

［9］ 曾贻芬、崔文印:《两汉时期历史文献学的初步形成》,《史学史研究》1988年第1期。

［10］ 张勇:《戊戌时期章太炎与康有为经学思想的歧异》,《历史研究》1994年第3期。

［11］ 李洪岩、仲伟民:《刘师培史学思想综论》,《近代史研究》1994年第3期。

［12］ 刘巍:《从援今文义说古文经到铸古文经学为史学——对章太炎早期经学思想发展轨迹的探讨》,《近代史研究》2004年第3期。